AF221831

HirnSport.de: Gehirnjogging Mix
Neue Rätsel für täglichen Denksport

Heiko Spindler

FSC
www.fsc.org

MIX
Papier aus verantwortungsvollen Quellen
Paper from responsible sources
FSC® C105338

Inhaltsverzeichnis

Einleitung

Unser Gehirn ist ein Wunderwerk der Evolution und zu erstaunlichen Leistungen bereit. Uns selbst sind diese Fähigkeiten selten direkt bewusst, sondern wir nehmen sie als normal hin.

Hinzu kommt eine hohe Flexibilität: Die Arbeitsweise unseres Denkorgans ist nicht fest vorgehen, sondern erweitert sich durch neue Erfahrungen und gezieltes Lernen. Das geht so weit, dass wir uns nicht nur neue Fähigkeiten beibringen, sondern diese automatisch beherrschen.

Vermutlich lesen Sie diese Textzeilen mit Leichtigkeit. Ihre Augen fliegen über das Papier und springen unbemerkt von Silbe zu Silbe und von Wort zu Wort. Aber lesen konnten Sie vermutlich nicht von Geburt an. Die überwiegende Mehrheit tut sich mit den ersten Leseversuchen recht schwer. Mühsam müssen wir erst einzelne Buchstaben, Silben und schließlich ganze Wörter erkennen. Nach viel Übung bildete sich eine automatisierte Fähigkeit heraus, die uns wenig Mühe kostet und ganze Romane verschlingen lässt. Lesen wird durch regelmäßige Anwendung zu einem unbewussten Prozess, der von selbst abläuft.

Von diesen Fähigkeiten besitzen wir eine ganze Menge. Dazu zählen vermutlich: Laufen, Schreiben, Auto- oder Fahrradfahren, Instrumente spielen, Rechnen und vieles mehr.

Leider begnügen sich manche Menschen mit den Fähigkeiten, die sie in der Schulzeit oder Ausbildung erlernen. Sie wenden lediglich ihr gelerntes Repertoire an. Dabei macht gerade die Möglichkeit, über unsere gesamte Lebenszeit hinweg Neues zu lernen, unsere menschliche Intelligenz so einzigartig.

Dafür ist es nicht notwendig, einen neuen Beruf zu lernen oder sich in ein komplett neues Hobby zu stürzen. Bleiben Sie wach und neugierig und probieren Sie immer wieder etwas Neues aus.

Ein guter Weg, um das eigene Gehirn zu trainieren, sind Rätsel und Denksportaufgaben. Es ist wichtig dabei auf Abwechslung Wert zu legen. Das tägliche, immer gleiche Sudoku oder Kreuzworträtsel ist lediglich ein netter Zeitvertreib und sicher besser als nichts zu tun. Es fordert aber immer nur ähnliche Denkmuster.

Aus diesem Grund kreiert das Team von Hirnsport.de immer wieder neue und unterschiedliche Typen von Aufgaben. So können Sie ständig neue Herausforderungen und Lösungs-strategien ausprobieren, damit Ihr Gehirn langfristig fit und flexibel bleibt.

Die Aufgaben

Kategorie

Alle Aufgaben in diesem Buch trainieren unterschiedliche Denkoperationen. Ein Symbol zeigt bei jedem Rätsel die zugeordnete Kategorie an. Die Kategorien sind lediglich eine grobe Tendenz, da die meisten Aufgaben mehrere Fähigkeiten ansprechen. Die Kategorie ist an den folgenden Symbolen leicht zu erkennen:

Sprache	Mathematik
Wahrnehmung	Logik

Schwierigkeitsgrad

Das Buch ist in drei Schwierigkeitsgrade unterteilt. Einfache Aufgaben eignen sich gut als Einstieg, um sich in den Aufgabentyp einzuarbeiten. Für mittelschwere Aufgaben kann man sich eigene Lösungsstrategien überlegen. Die Aufgaben fordern etwas mehr Nachdenken. Bei den schweren Aufgaben muss man oft etwas mehr probieren und um die Ecke denken. Lösungen ergeben sich nicht leicht auf den ersten Blick. Ihre persönliche Einschätzung kann von der vorgeschlagenen Einteilung abweichen. Die

Reihenfolge, in der Sie die Aufgaben lösen, bleibt Ihnen überlassen. Letztlich sollen die Aufgaben Spaß machen und kurzweilig sein.

Lösungen

Zu allen Aufgaben befinden sich die Lösungen in hinteren Teil des Buches. Jede Aufgabe und die Teilaufgaben sind über die eindeutige Nummer leicht zu finden.

Tipps zur Nutzung

Nehmen Sie sich täglich eine oder mehrere Aufgaben vor. Entscheidend ist nicht, wie schwer die Rätsel sind, sondern regelmäßiges und abwechslungsreiches Training macht den Unterschied.

Lösungen zu den Aufgaben auf dem Cover

Wort-Puzzle: Erfinder

Wort-Schlange: KANZLER

Formen finden: Es verstecken sich 24 Rechtecke.

Rechen-Schlange: 3 + 1 * 5 + 10 * 9 = 98

Lücken-Füller: 17 * 3 - 7 = 44

Zellen entfernen:

2	1	✗	1	4 (3)
9	✗	5	9	23 (3)
8	1	2	✗	11 (3)
✗	7	6	2	15 (3)
19	9	13	12	
(3)	(3)	(3)	(3)	

Vorstellung der Aufgabentypen

Dieser Abschnitt präsentiert die einzelnen Kategorien und die Typen von Aufgaben. Für jeden Typ zeigt ein einfaches Beispiel mit Lösung, wie diese Aufgaben funktionieren. Über die aufgelisteten Seitennummern können Sie direkt zu den konkreten Aufgaben springen.

Mathe-Puzzle

Hier ist eine Rechnung in Teilstücke zerlegt. Wie bei einem typischen Puzzle müssen Sie die Teile wieder korrekt zusammenfügen. Leider haben die Teile alle eine ähnliche Form. Sie müssen anhand des Inhaltes erkennen, wie die Teile passen, indem Sie Zahlen und Operatoren der Rechnung erkennen. Ist die Aufgabe korrekt zusammengesetzt, rechnen Sie die Lösung aus.

Beispiel: **Lösung:**

    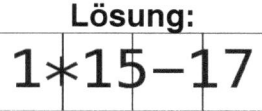

Das Ergebnis der Rechnung ist: 1 * 15 - 17 = -2

Diese Aufgaben sind auf den Seiten: 52, 69, 138

Rechen-Schlange

Durch die dargestellten Waben in der Aufgabe schlängelt sich eine Rechnung. Von einer Wabe darf die Schlange nur zu angrenzenden Waben weiterlaufen. Jede Wabe darf nur einmal besucht werden. Leider ist nicht klar, wo die Rechnung beginnt, endet und welchen Weg sie nimmt. Alle Waben kommen in der Rechnung vor. Es gilt die Punkt-vor-Strich-Rechnung.

Beispiel:	**Lösung:**
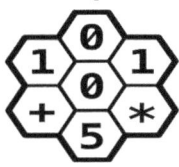	

Die gesuchte Rechnung lautet: 10 + 5 * 10. Das Ergebnis ist damit 60.

Diese Aufgaben sind auf den Seiten: 48, 72, 109, 122

Fehlende Operatoren

In der Rechnung fehlen alle Operatoren. Setzen Sie die korrekten Operatoren +, -, * oder / ein, damit sich das richtige Resultat ergibt. Es gilt die Punkt-vor-Strich-Rechnung.

Beispiel:
6 ___ (5 ___ 2) = -4

Lösung:
6 - (5 * 2) = -4

Diese Aufgaben sind auf den Seiten: 23, 96, 130

Stäbchen umlegen (Zahlen)

Eine Gleichung ist aus Stäbchen zusammengesetzt. Die Rechnung ist aber mathematisch nicht richtig. Legen Sie Stäbchen innerhalb der Rechnung um, bis diese korrekt ist. Das Ist-gleich-Zeichen bleibt unverändert. Alle anderen Ziffern und Operatoren können sich durch Zufügen oder Entfernen von Stäbchen ändern. Die Gesamtzahl der Stäbchen bleibt gleich.
Außerdem gibt es im Buch Varianten der Aufgabe. Entweder müssen Stäbchen innerhalb der gesamten Rechnung oder nur innerhalb eines einzelnen Zeichens verschoben werden. Achten Sie auf die jeweilige Beschreibung. Die Abbildung zeigt die Ziffern und Operatoren in der Schreibweise mit Stäbchen.

$$0\ 1\ 2\ 3\ 4\ 5\ 6\ 7\ 8\ 9\ +\ -\ =\ \times$$

Beispiel:
Legen Sie zwei Stäbchen in der Gleichung um, damit das Ergebnis zur Rechnung passt:

$$-7 \times -5 = 31$$

Lösung:
Die Ziffer 3 in eine 2 wandeln. Die Ziffer 5 in eine 3 ändern:

$$-7 \times -3 = 21$$

Tips für die Lösung
Prüfen Sie für alle Zahlen und Operatoren, welche Zeichen sich durch Umlegen erzeugen lassen.

Diese Aufgaben sind auf den Seiten: 56, 106

Zielrechnen

Vorgegeben sind Zahlen und ein Zielwert. Finden Sie eine Rechnung, die mit den Vorgaben und den Operatoren +, -, *, / genau den Zielwert trifft. Klammern um Teilrechnungen sind erlaubt. Es gilt die Punkt-vor-Strich-Rechnung. Alle gegebenen Zahlen müssen vorkommen. Bei den Operatoren können Sie frei entscheiden.

Beispiel:
Erreichen Sie das Ergebnis 45 mit den Zahlen: 6, 2, 9, 2.

Lösung:
$9 * (2 + 6 / 2) = 45$

Diese Aufgaben sind auf den Seiten: 38, 78, 125

Lücken-Füller

Setzen Sie die vorgegebenen Zahlen in die offenen Stellen der Rechnung ein, damit die Gleichung stimmt. Es gilt die Punkt-vor-Strich-Rechnung. Benutzen Sie jede der aufgeführten Zahlen genau einmal.

Beispiel:
Fügen Sie 14, 7, 18, 10 und 1 ein:
$(\_\_\_ * \_\_\_) + (\_\_\_ / \_\_\_) + \_\_\_ = 269$

Lösung:
$(18 * 14) + (7 / 1) + 10 = 269$

Für diesen Aufgabentyp sind mehrere Lösungen möglich. Hier wird nur eine Lösung angezeigt.

Diese Aufgaben sind auf den Seiten: 36, 85, 129

Zellen entfernen

Streichen Sie alle Zellen, die nicht für die Summen rechts neben der Zeile oder unter der Spalte nötigt sind. Die Zahlen in Klammern zeigen, wie viele Zellen in die Summe eingehen.

Beispiel:				
8	2	4	6	12 (3)
2	2	7	3	7 (3)
7	9	1	8	24 (3)
1	7	3	2	4 (2)

10 13   7   17
(3) (3) (2) (3)

Lösung:				
8̸	2	4	6	12 (3)
2	2	7̸	3	7 (3)
7	9	1̸	8	24 (3)
1	7̸	3	2̸	4 (2)

10 13   7   17
(3) (3) (2) (3)

Diese Aufgaben sind auf den Seiten: 41, 87, 115

Überflüssige Ziffern

Entfernen Sie überflüssige Ziffern auf der linken Seite einer Gleichung, damit die Rechnung stimmt. Das Ergebnis auf der rechten Seite ist korrekt. Ein Operand kann nicht komplett verschwinden, sondern es muss eine Ziffer übrig bleiben.
Im Buch gibt es verschiedene Varianten. Achten Sie jeweils in der Beschreibung, wie viele Ziffern überflüssig sind.

Beispiel:
Entfernen Sie zwei Ziffern in der Rechnung: 863 + 932 = 95

Lösung:
_63 + _32 = 95

Diese Aufgaben sind auf den Seiten: 60, 145

Rechnen mit römischen Zahlen

Unser dezimales Zahlensystem mit arabischen Ziffern hat viele Vorteile. Es macht das Rechnen leichter. Probieren Sie das Kopfrechnen mit römischen Zahlen aus. Neben dem Rechnen macht das Umwandeln als Teilaufgabe etwas Mühe.

Beispiel:
VIII + III = _____

Lösung:
VIII + III = XI

Direkt zu diesen Aufgaben: 59, 84

Matrix-Rechnen

In der Matrix stehen Gleichungen in den Spalten und Zeilen. Einigen Operanden fehlen einzelne oder mehrere Ziffern. Können Sie die leeren Stellen korrekt ausfüllen, damit die Rechnungen für alle Zeilen und Spalten stimmen?

Beispiel:				**Lösung:**		
80 +	84 =	___		80 +	84 =	<u>1</u>6<u>4</u>
+	+	+		+	+	+
__ +	8_ =	158		<u>76</u> +	8<u>2</u> =	158
=	=	=		=	=	=
156 +	166 =	322		156 +	166 =	322

Diese Aufgaben sind auf den Seiten: 64, 81, 141

Ziffern-Platzhalter

Ersetzen Sie jeden Buchstaben in der Rechnung durch passende Ziffer. Ein Buchstabe steht immer für die gleiche Ziffer. Alle vorkommenden Ziffern sind durch denselben Buchstaben ersetzt. Beachten Sie die Punkt-vor-Strich-Rechnung.

Beispiel:
b9 + a3 = 9a

Lösung:
69 + **2**3 = 9**2** mit den Ersetzungen: a = 2 und b = 6

Diese Aufgaben sind auf den Seiten: 63, 104, 135

Wort-Puzzle

Hier wurde ein Wort in Teile zerschnitten. Können Sie die Teile wieder korrekt zusammensetzen und das Wort lesen?.

Beispiel: **Lösung:**

 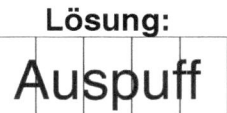

Das gesuchte Wort lautet: **A u s p u f f**

Diese Aufgaben sind auf den Seiten: 21, 75, 133

Wort-Schlange

Durch die Waben in der Aufgabe schlängelt sich ein Wort. Von einer Wabe darf die Schlange nur durch angrenzende Waben laufen. Jede Wabe darf nur einmal vorkommen. Leider ist nicht klar, wo das Wort beginnt und wo es endet.

Beispiel: **Lösung:**

Das gesuchte Wort lautet: **S P I C K E R**

Diese Aufgaben sind auf den Seiten: 46, 99, 127

Stäbchen umlegen (Buchstaben)

Legen Sie innerhalb von jedem Buchstaben genau ein Stäbchen um, damit ein Wort in der deutschen Sprache entsteht. Es werden nur Großbuchstaben benutzt.

Beispiel: **Lösung:**

Finden Sie ein   Ersetzungen:
Kleidungsstück.   P zu H, G zu O, E zu S, S zu E

Die folgende Abbildung zeigt alle Buchstaben in der Schreibweise mit Stäbchen:

ABCDEFGHIJKLM
NOPQRSTUVWXYZ

Im Buch finden sich verschiedene Varianten der Aufgaben. Achten Sie auf die Beschreibung, da die Anzahl der Stäbchen nicht bei allen Aufgaben gleich ist. Außerdem kann es sein, dass Stäbchen nur innerhalb des gesamten Wortes oder nur innerhalb von Buchstaben umgelegt werden sollen.

Diese Aufgaben sind auf den Seiten: 31, 102

Wort-Salat

Hier sind in jeder Aufgabe die Buchstaben von zwei Wörtern ineinander geraten. Die Buchstaben stehen in der korrekten Reihenfolge, es ist aber nicht klar, zu welchem Wort ein Buchstabe jeweils gehört.

Beispiel:
T R O E A S E M N

Lösung:
T _ _ E A _ _ M _
_ R O _ _ S E _ N

Diese Aufgaben sind auf den Seiten: 25, 55, 71, 105, 113

Überflüssige Buchstaben

In jedem Wort sind zu viele Buchstaben eingebaut. Streichen Sie die überflüssigen Zeichen, um das Wort zu erkennen. In den Klammern steht die Anzahl der überflüssigen Buchstaben.

Beispiel:
E G E W I T W T E R (2)

Lösung:
_ G E W I T _ T E R

Diese Aufgaben sind auf den Seiten: 34, 79, 120

Doppel-Wort-Bedeutung

Suchen Sie Wörter, die an das erste Teilwort angehängt und dem zweiten Wort vorangestellt werden können. Die Striche zeigen, wie viele Buchstaben fehlen. Neben der Musterlösung können Sie weitere passende Worte finden.

Beispiel:
N A C H __ __ __ __ O D R I

Lösung:
N A C H **H A L L** und **H A L L** O D R I

Diese Aufgaben sind auf den Seiten: 61, 98, 136

Wort-Muster

Suchen Sie für jedes Muster deutsche Worte, die passen. Für den Platzhalter "_" kann jeder andere Buchstabe eingesetzt werden. Für die meisten Muster gibt es mehr Lösungen als Sie denken. Finden Sie mindestens drei Wörter für das Muster.

Beispiel: _ U R _

Lösung: <u>BUR</u>G, <u>GUR</u>T, <u>GURU</u>, <u>WURF</u>

Diese Aufgaben sind auf den Seiten: 51, 86, 132

Wort-Wirrwarr

In jeder Aufgabe sind die Buchstaben eines Wortes in ihrer Reihenfolge vertauscht. Alle aufgelisteten Buchstaben kommen im gesuchten Wort vor. Es könnte mehr als eine Lösung geben. Können Sie das folgende Wort korrekt erkennen?

Beispiel: U O T A

Lösung: A U T O

Diese Aufgaben sind auf den Seiten: 58, 95, 124

Reihen ergänzen

Von diesen Aufgaben gibt es im Buch mehrere Varianten. Bei allen Aufgaben müssen Sie die Logik durchschauen, nach der sich die Elemente der Reihe bilden. Je nach Regeln und wie schnell Sie die Schritte wiederholen, können die Aufgaben sehr unterschiedlich im Schwierigkeitsgrad sein. Achten Sie jeweils auf die konkrete Beschreibung der Aufgabe.

Zahlenreihen finden sich auf der Seite: 28

Reihen mit römischen Zahlen sind auf der Seite: 29

Formen finden

In der Grafik der Aufgaben sind mehrere geometrische Formen kombiniert. Durch die Überschneidungen entstehen zusätzliche neue Figuren. Wie viele Rechtecke verstecken sich in der folgenden Darstellung?

Beispiel:

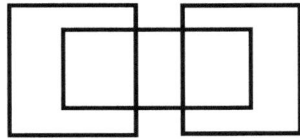

Lösung:
In der Abbildung verbergen sich insgesamt 8 Rechtecke.

Achten Sie bei jeder Aufgabe, nach welchen geometrischen Formen gesucht wird.

Diese Aufgaben sind auf den Seiten: 26, 93

Einfache Aufgaben

1. Wort-Puzzle

Hier ist in jeder Aufgabe ein Wort in mehrere Teile zerlegt.
Können Sie die Puzzleteile richtig zusammensetzen und das Wort
erkennen?

1.

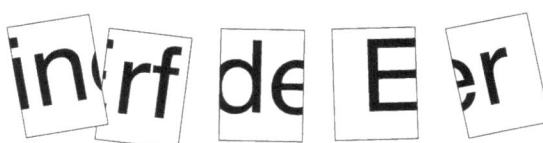

2.

3.

4.

5.

6.

7.

8.

9.

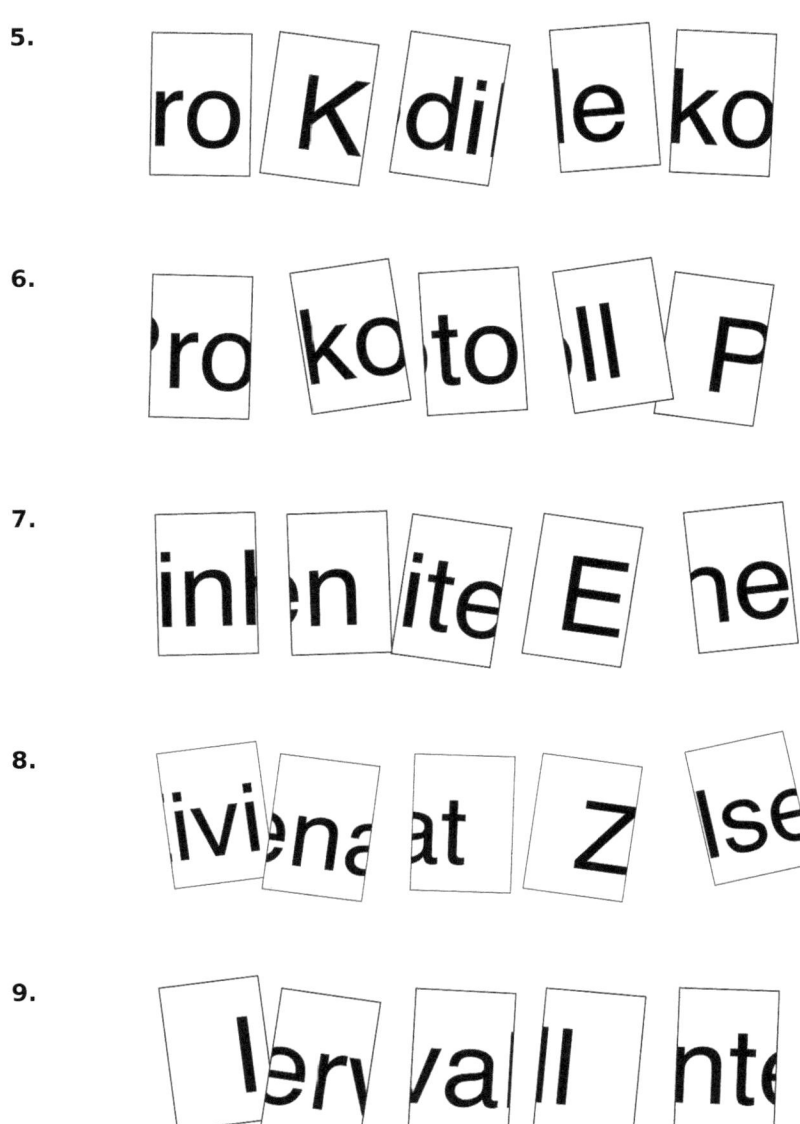

2. Fehlende Operatoren

Welche Operatoren (+, -, *, /) fehlen zwischen den Zahlen, damit die Rechnungen stimmen? Beachten Sie die Punkt-vor-Strich-Rechnung.

1. $5 \_ 3 \_ 11 = 26$

2. $7 \_ (19 \_ 1) = 126$

3. $19 \_ 5 \_ 12 = 83$

4. $7 \_ 4 \_ 7 \_ 2 = 23$

5. $(9 \_ 1) \_ 5 \_ 2 = 38$

6. $10 \_ 8 \_ 20 = 25$

7. $6 \_ 3 \_ (10 \_ 4) = 42$

8. $2 \_ 3 \_ 1 \_ 8 = -8$

9. $7 \_ (3 \_ (1 \_ 3)) = 84$

10. $(3 \_ 2 \_ 9) \_ 6 = 2$

11. $(2 \_ 4 \_ (4 \_ 2)) = 26$

12. $(4 \_ 8) \_ 6 \_ 10 = -4$

13. $((8 \_ 3) \_ 3) \_ 9 = 30$

14. $6 \_ 9 \_ 2 \_ 4 = 5$

15. $(1 \_ 1) \_ 2 \_ 4 = -8$

16. $1 \_ 7 \_ (4 \_ 9) = 92$

17. $(10 \_ 9 \_ 3) \_ 5 = 25$

18. $(6 \_ 3) \_ (10 \_ 7) = 51$

19. $(7 \_ 1) \_ (3 \_ 5) = -7$

20. $(3 \_ 6) \_ (9 \_ 3) = 36$

21. $5 \_ (4 \_ (3 \_ 5)) = 160$

22. $(10 \_ 5 \_ 6) \_ 3 = 43$

3.   Wort-Salat

Hier sind in jeder Zeile zwei Wörter in einander geraten. Die Buchstaben stehen in der korrekten Reihenfolge, es ist aber nicht klar, ob ein Buchstabe zum ersten oder zum zweiten Wort gehört. Welche Worte sind versteckt?

1.   **R J O T A G E N**

2.   **E N F T E N E H L E R**

3.   **T D I A M E M R**

4.   **Z F E O L R T E M**

5.   **K L I F E L C T H**

6.   **T S O E N E N E**

7.   **B Q U A N O T E D E**

8.   **W E P I D E L L L E N**

9.   **W A P A G O E S T**

10.   **D R A D R I E O S S**

11.   **A W R I N O M D E A**

12.   **K A I R T M E K E R**

4.   Formen finden

In der Grafik verstecken sich einige feige geometrische Formen.
Bei jeder Abbildung ist angegeben, welche Formen versteckt
sind. Wie viele Recht- oder Dreiecke verstecken sich in der
Grafik?

1.   ## Wie viele Rechtecke sind versteckt?

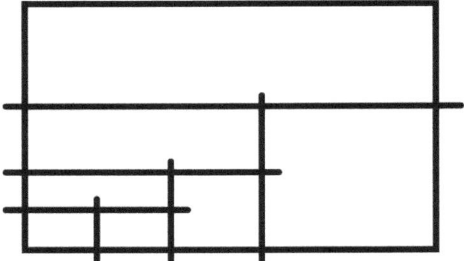

2.   ## Wie viele Rechtecke sind versteckt?

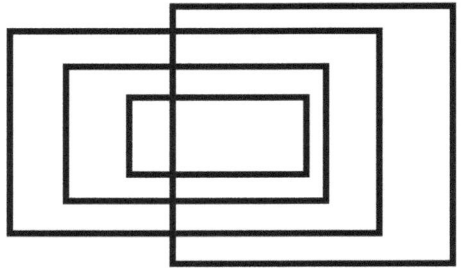

3.

Wie viele Dreiecke sind versteckt?

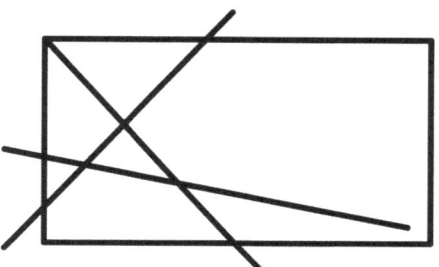

4.

Wie viele Dreiecke sind versteckt?

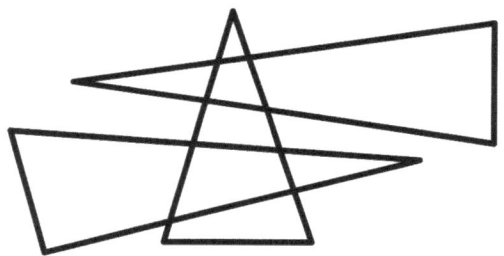

5.

Wie viele Rechtecke sind versteckt?

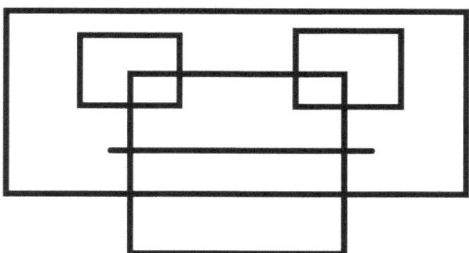

5. Zahlenreihe

$$\boxed{\begin{array}{l} 4\ \%\ 7 \\ \&\ 3 = \end{array}}$$

Welche Zahlen ergänzen die Reihe jeweils logisch? Erlaubt sind die Operatoren +, -, *.

1. **12 16 15 19 18 22 21
   25 ___ ___ 27**

2. **2 -6 0 -8 -2 ___ -4
   -12 ___ -14 -8**

3. **6 9 14 -56 -53 -48 192
   ___ ___ -800 -797**

4. **4 -1 -7 -14 -19 -25 -50
   -55 -61 ___ ___**

5. **6 9 14 ___ ___
   -48 192 195 200 -800 -797**

6. **4 12 24 48 56 ___
   224 232 464 928 ___**

7. **5 15 -45 -50 -150 450
   445 1335 -4005 ___ ___**

8. **6 13 7 ___ 49 ___
   258 265 259 1554 1561**

9.
$$\begin{array}{cccccc} & 6 & 14 & \_\_ & \_\_ & \_\_ \\ -26 & 52 & 60 & 66 & -132 & -124 \end{array}$$

10.
$$\begin{array}{cccccccc} 6 & \_\_ & 22 & \_\_ & 73 & \_\_ & 246 \\ & 253 & 262 & 786 & 793 \end{array}$$

6. Zahlenreihe mit römischen Zahlen

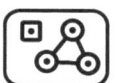

Welche römischen Zahlen ergänzen die Reihe jeweils logisch?
Erlaubt sind die Operatoren +, -, *.

1.
$$\begin{array}{cccccc} \text{X} & \text{VIII} & \text{IX} & \text{VII} & \text{VIII} & \text{VI} \\ \text{VII} & \_\_ & \_\_ & \text{IV} & \text{V} \end{array}$$

2.
$$\begin{array}{cccccc} \text{X} & \text{XIII} & \text{XII} & \_\_ & \_\_ & \text{XVII} \\ \text{XVI} & \text{XIX} & \text{XVIII} & \text{XXI} & \text{XX} \end{array}$$

3.
$$\begin{array}{cccccc} \text{VII} & \text{XVI} & \text{IX} & \text{XVIII} & \text{XI} & \text{XX} \\ \_\_ & \_\_ & \text{XV} & \text{XXIV} & \text{XVII} \end{array}$$

4.
$$\begin{array}{cccccc} \text{V} & \text{XIII} & \text{XVII} & \text{XXV} & \text{XXIX} & \text{XXXVII} \\ \text{XLI} & \text{XLIX} & \_\_ & \_\_ & \_\_ \end{array}$$

5.
$$\begin{array}{cccccc} \_\_ & \_\_ & \_\_ & \text{V} & \text{X} & \text{XI} & \text{XXII} \\ \text{XXIII} & \text{XLVI} & \text{XLVII} & \text{XCIV} \end{array}$$

6.
$$\begin{array}{cccccc} \text{VIII} & \text{XII} & \text{XV} & \text{VI} & \text{X} & \_\_ \\ \_\_ & \_\_ & \text{XI} & \text{II} & \text{VI} \end{array}$$

7. $\underline{\quad}$ **VIII XIV VI IX**
    $\overline{\text{XV}}$ **VII X XVI** $\underline{\quad}$ $\underline{\quad}$

8. $\overline{\underline{\quad}}$ $\overline{\underline{\quad}}$ $\overline{\underline{\quad}}$ **X XVII XIV**
    $\overline{\text{XII}}$ $\overline{\text{XIX}}$ $\overline{\text{XVI}}$ **XIV XXI**

9. **IX** $\underline{\quad}$ $\underline{\quad}$ $\underline{\quad}$ **LXIX LXXI CCXIII**
    $\overline{\text{CCXII}}$ $\overline{\text{CCXIV}}$ **DCLXXII DCLXXXI**

10. **VII XXVIII XXIV** $\underline{\quad}$ $\underline{\quad}$ $\underline{\quad}$ **CII**
    CDVIII CDIV $\overline{\text{CDVI}}$ $\overline{\text{MDCXXIV}}$

7. Stäbchen umlegen (Buchstaben)

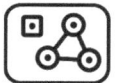

Legen Sie in jedem Buchstaben genau ein Stäbchen um, damit ein Wort der deutschen Sprache entsteht.

1. **Die Lösung ist ein 'Körperteil'.**

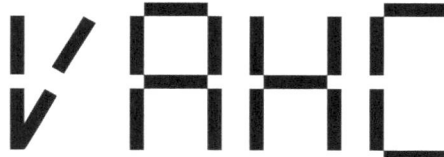

2. **Finden Sie ein anderes Wort für 'Ablage'.**

3. **Finden Sie ein anderes Wort für 'Handelsgut'.**

4.

Die Lösung ist ein Teil des Erbgutes.

5.

Finden Sie ein anderes Wort für 'Schleudern'.

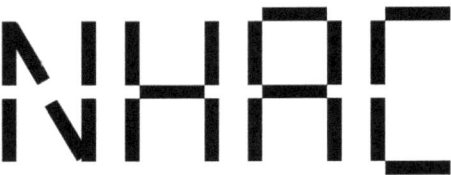

6.

Die Lösung ist eine Pflanze.

7. **Finden Sie ein anderes Wort für 'Gestalt'.**

8. **Die Lösung ist ein Gefäß.**

9. **Finden Sie ein anderes Wort für 'Vorgesetzter'.**

10. **Finden Sie ein anderes Wort für 'eingeschlagener Weg'.**

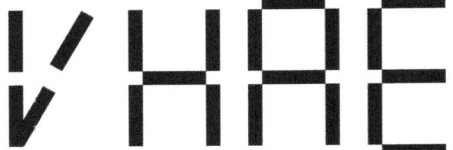

8. Überflüssige Buchstaben

In jedem Wort sind zu viele Buchstaben eingebaut. Können Sie die überflüssigen Zeichen finden und das korrekte Wort erkennen? In den Klammern steht die Anzahl der überflüssigen Buchstaben.

1. **M A E R K E (1)**

2. **Y D O R N A E (2)**

3. **B U U C T H U N G (2)**

4. **O K E K M S E (2)**

5. **M K U N I E (2)**

6. **K X O P L I E N (2)**

7. **T I D C K B E R (2)**

8.   **F Z U G N E N (2)**

9.   **W J E R I K E (2)**

10.   **M A C T G S C H (2)**

11.   **R R E T D I N A (2)**

12.   **I D R R W E G N (2)**

13.   **P F R O O M I (2)**

14.   **U D I N N G O (2)**

15.   **D K Q L S A N G (3)**

16.   **W R J O S B E N (3)**

17.   **B L A T U C K R A B B E (2)**

9.   Lücken-Füller

$$\begin{array}{c} 4\ \%\ 7 \\ \&\ 3 = \end{array}$$

Setzen Sie die vorgegebenen Zahlen in die offenen Stellen ein, damit die Gleichung stimmt. Es gilt die Punkt-vor-Strich-Rechnung.

1.   **Fügen Sie 14, 8, 15 ein:**

   __ * __ + __ = 127

2.   **Fügen Sie 9, 8, 6 ein:**

   __ * (__ - __) = -6

3.   **Fügen Sie 16, 15, 13 ein:**

   (__ - __) + __ = 14

4.   **Fügen Sie 7, 3, 17 ein:**

   __ * __ - __ = 44

5.   **Fügen Sie 4, 8, 6, 9 ein:**

   (__ + __) / __ * __ = 30

6.   **Fügen Sie 4, 3, 1, 7 ein:**

   (__ + __) * __ / __ = 1

7.

Fügen Sie 3, 6, 5, 1 ein:

__ / (__ * __) - __ = -3

8.

Fügen Sie 6, 10, 2, 3 ein:

(__ + (__ / __)) * __ = 24

9.

Fügen Sie 8, 3, 1, 18 ein:

__ * (__ - __) / __ = 30

10.

Fügen Sie 6, 4, 7, 10 ein:

(__ / (__ - __)) * __ = 40

11.

Fügen Sie 18, 4, 20, 13 ein:

(__ / __ - __ * __) = -229

12.

Fügen Sie 2, 12, 6, 8 ein:

(__ * __ - __) / __ = 18

10. Zielrechnen

```
4 % 7
& 3 =
```

Vorgegeben sind vier Zahlen und ein Zielwert. Finden Sie eine Rechnung mit den Operatoren +, -, * und / um mit den vorgegebenen Zahlen genau den Zielwert zu treffen. Klammern um Teilrechnungen sind erlaubt. Es gilt die Punkt-vor-Strich-Rechnung.

1. **Erreichen Sie 16 mit den Zahlen: 9, 5, 4.**

2. **Erreichen Sie 4 mit den Zahlen: 2, 3, 2.**

3. **Erreichen Sie 0 mit den Zahlen: 9, 7, 9.**

4. **Erreichen Sie 18 mit den Zahlen: 3, 2, 8.**

5. **Erreichen Sie 7 mit den Zahlen: 2, 10, 2.**

6. **Erreichen Sie 3 mit den Zahlen: 3, 4, 5.**

7. **Erreichen Sie 9 mit den Zahlen: 7, 8, 8.**

8.

**Erreichen Sie 5
mit den Zahlen: 9, 9, 6.**

9.

**Erreichen Sie 74
mit den Zahlen: 9, 2, 8.**

10.

**Erreichen Sie 8
mit den Zahlen: 15, 2, 1.**

11.

**Erreichen Sie 91
mit den Zahlen: 19, 10, 11.**

12.

**Erreichen Sie 16
mit den Zahlen: 2, 8, 16.**

13.

**Erreichen Sie 276
mit den Zahlen: 12, 16, 18.**

14.

**Erreichen Sie 180
mit den Zahlen: 9, 15, 5.**

15.

**Erreichen Sie 8
mit den Zahlen: 7, 5, 5, 6.**

16.

**Erreichen Sie 28
mit den Zahlen: 3, 5, 6, 6.**

17. ### Erreichen Sie 23
mit den Zahlen: 4, 3, 3, 3.

18. ### Erreichen Sie 84
mit den Zahlen: 2, 6, 3, 5.

19. ### Erreichen Sie 10
mit den Zahlen: 7, 4, 7, 9.

11. Zellen entfernen

Streichen Sie alle Zellen, die nicht für die Summen rechts neben der Zeile oder unter der Spalte benötigt werden. Die Zahlen in Klammern definieren, wie viele Zellen in die Summe eingehen sollen.

1.

2	1	1	1	4 (3)
9	9	5	9	23 (3)
8	1	2	9	11 (3)
1	7	6	2	15 (3)

19 9 13 12
(3)(3)(3)(3)

2.

7	3	3	7	10 (2)
8	6	9	3	14 (2)
7	4	1	6	10 (2)
3	5	1	2	4 (2)

11 10 4 13
(2)(2)(2)(2)

3.

5	5	3	8	3	16 (3)
8	3	9	6	3	14 (3)
4	9	1	9	6	24 (3)
9	4	1	1	2	11 (3)
7	6	2	4	4	12 (3)

22 18 6 18 13
(3)(3)(3)(3)(3)

4.

5	7	7	4	3	15 (3)
9	4	2	8	6	15 (3)
6	9	5	5	8	20 (3)
1	5	8	7	9	24 (3)
1	7	4	8	1	13 (3)

20 20 14 20 13
(3)(3)(3)(3)(3)

5.

1	1	5	7	6	13 (3)
1	4	4	1	9	17 (3)
8	7	3	2	9	19 (3)
5	2	1	2	3	10 (3)
8	1	2	9	3	11 (3)

21 6 11 11 21
(3)(3)(3)(3)(3)

6.

8	1	6	4	1	6 (3)
9	9	1	3	1	11 (3)
5	3	7	2	8	15 (3)
1	6	4	5	3	12 (3)
1	3	7	8	5	20 (3)

15 10 15 17 7
(3)(3)(3)(3)(3)

7.

9	8	8	3	4	20 (3)
9	1	4	8	3	12 (3)
5	2	8	3	7	16 (3)
8	3	7	1	5	16 (3)
8	6	6	7	8	22 (3)

21 15 23 12 15
(3)(3)(3)(3)(3)

8.

2	2	6	5	4	8 (3)
4	5	8	4	5	17 (3)
7	5	5	6	6	18 (3)
8	1	3	8	1	12 (3)
7	9	3	5	6	17 (3)
17 (3)	16 (3)	14 (3)	15 (3)	10 (3)	

9.

4	4	8	6	7	15 (3)
6	1	1	9	7	16 (3)
2	1	8	2	8	18 (3)
9	7	2	1	7	23 (3)
5	5	9	7	9	21 (3)
19 (3)	16 (3)	18 (3)	18 (3)	22 (3)	

12. Wort-Schlange

Hier schlängelt sich ein Wort durch die Waben. Es ist nicht klar, wo es beginnt und wo es endet.
Jede Wabe muss genau einmal verwendet werden. Die Buchstaben müssen eine zusammenhängende Kette bilden.
Lücken oder Sprünge sind nicht erlaubt.
Wie lautet das gesuchte Wort?

1.

2.

3.

4.

5.

6.

7.

8.

9.

10.

11.

12.

13. Rechen-Schlange

$$4 \% 7$$
$$\& 3 =$$

Hier schlängelt sich eine Rechnung durch die Waben. Es ist nicht klar, wo die Rechnung beginnt.
Jede Zahl und jeder Operator muss genau einmal verwendet werden und bilden eine zusammenhängende Kette. Lücken oder Sprünge sind nicht erlaubt. Das Ergebnis der gesuchten Rechnung ist jeweils angegeben. In manchen Fällen gibt es mehrere mögliche Wege, die zum korrekten Ziel führen. Finden Sie den richtigen Pfad durch die Waben, um das Ziel zu erreichen?

1. **Erreichen Sie das Ergebnis: 23**

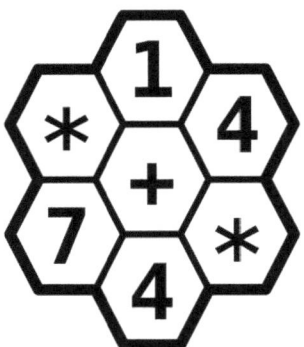

2. **Erreichen Sie das Ergebnis: 14**

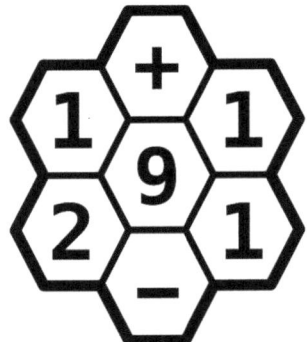

3. **Erreichen Sie das Ergebnis: 38**

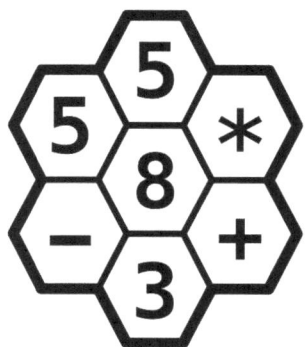

4. **Erreichen Sie das Ergebnis: 72**

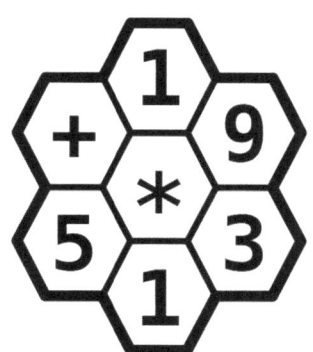

5. **Erreichen Sie das Ergebnis: -68**

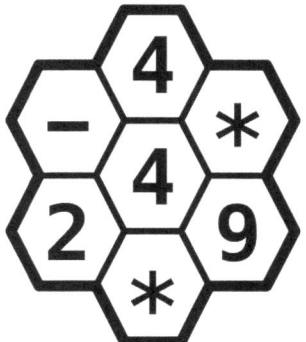

6. **Erreichen Sie das Ergebnis: 98**

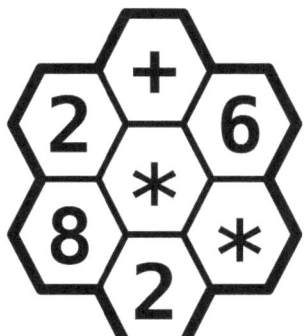

7. **Erreichen Sie das Ergebnis: -8**

8. **Erreichen Sie das Ergebnis: -6**

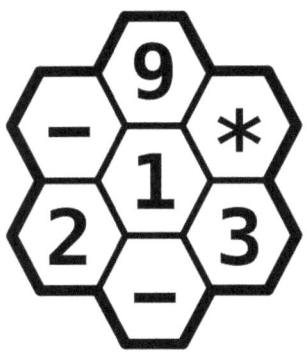

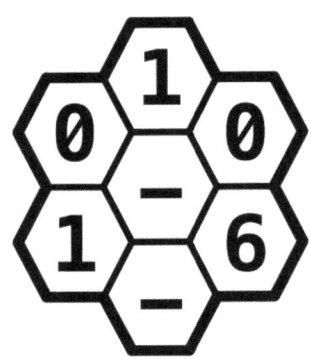

9. **Erreichen Sie das Ergebnis: 21**

10. **Erreichen Sie das Ergebnis: 51**

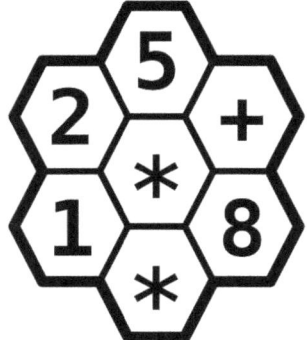

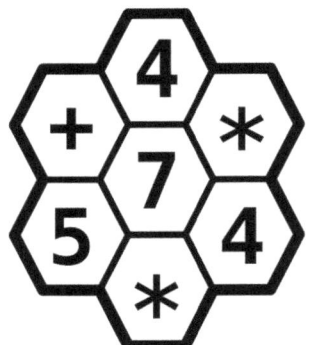

14.   Wort-Muster

Suchen Sie für jedes Muster deutsche Worte, die passen. Für den Platzhalter "_" kann jeder andere Buchstabe eingesetzt werden. Für die meisten Muster gibt es mehr Lösungen als Sie denken. Können Sie für jedes Muster drei Beispiele finden?

1.   **K R A _ _ E _**   2.   **_ _ _ S C H E**

3.   **_ _ _ R U N G**   4.   **S _ H E _ _ E**

5.   **_ _ _ C H E R**   6.   **Z W I _ _ E _**

7.   **_ _ A _ T E R**   8.   **_ R E M _ E _**

9.   **S _ _ _ Z E N**   10. **_ _ S C H E _**

15.   Mathe-Puzzle

Legen Sie die Teile der Rechnung korrekt zusammen. Alle
Puzzleteile kommen in der Lösung vor.
Wie lautet das Ergebnis der Rechnung? Beachten Sie dabei
ebenfalls die Punkt-vor-Strich-Rechnung.

1.

$3-1$ $7*8$ 17 12

2.

$3*$ 10 <14 $4-1$

3.

$14-$ $5-1$ 16 $+5$

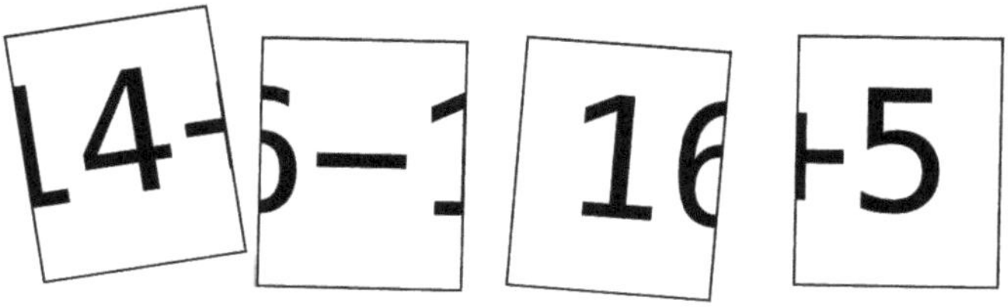

4.

5.

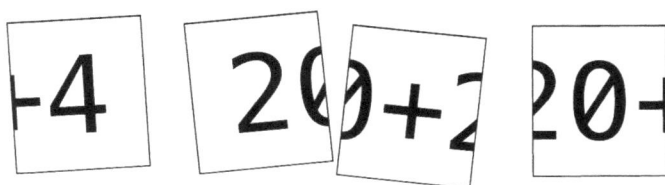

6.

7.

8.

9.

10.

11.

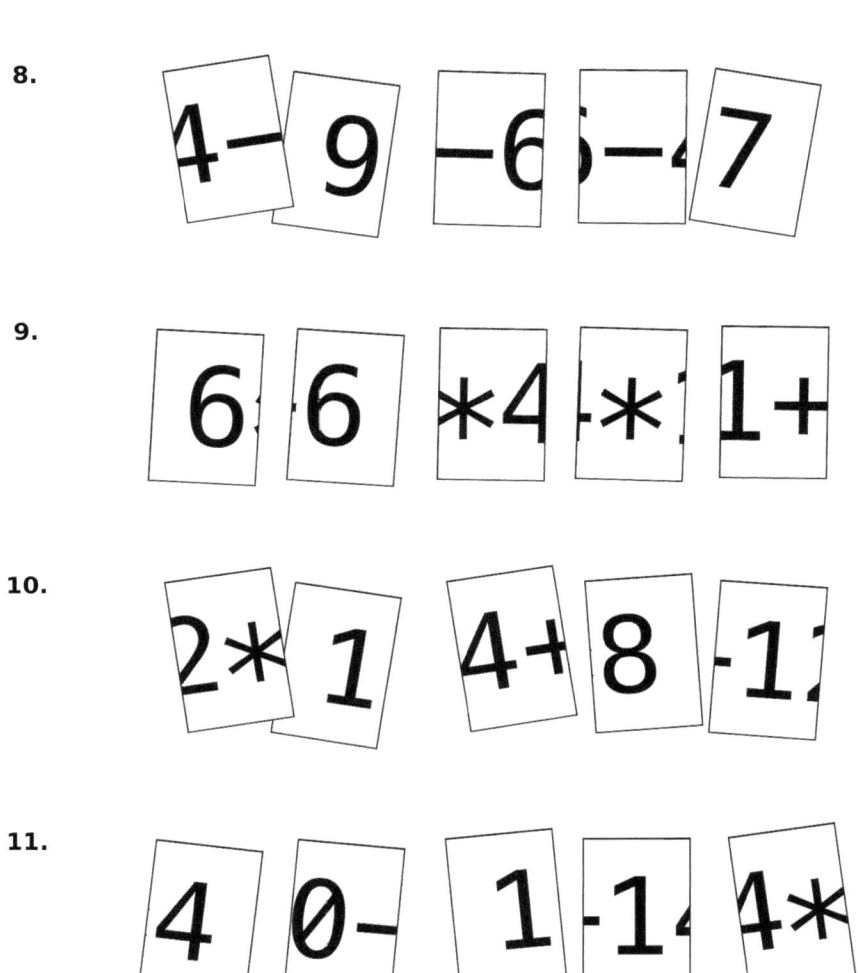

12.

16. Wort-Salat

Hier sind in jeder Zeile zwei Wörter in einander geraten. Die Buchstaben stehen in der korrekten Reihenfolge, es ist aber nicht klar, ob ein Buchstabe zum ersten oder zum zweiten Wort gehört. Welche Worte sind es?

1. **N E I B D L O C K**

2. **L B O T A U M**

3. **A N S E T O N**

4. **M Z O R A D H N**

5. **R U U H R E A N**

6. **K L S E P I A D L T**

7. **H H O R E L D D E**

8. **L L A E H N T Z E**

9. **VASTIEREB**

10. **EZOFNFGEL**

11. **MLIETTEERR**

12. **GCRHUAOFST**

13. **DJEAIGCDH**

17. Stäbchen umlegen (Zahlen)

Legen Sie in jeder Gleichung zwei Stäbchen um, damit die Rechnung stimmt. Das Gleichheitszeichen bleibt fest und darf nicht verändert werden. Beachten Sie die Punkt-vor-Strich-Rechnung. Alle Ziffern und Operatoren in der Schreibweise mit Stäbchen finden sich bei der Erklärung der Aufgabentypen. In manchen Fällen können mehrere Lösungen korrekt sein.

1. $0 - 1 = -6$

2. $0 - 0 = 5$

3.
$$-9-8 = \times \; 1$$

4.
$$5 \times -5 = -9$$

5.
$$3-6 = 8$$

6.
$$-5 \times -0 = 12$$

7.
$$3-0-4 = -8$$

8.
$$7 \times 9-3 = 82$$

9.
$$+6-4 = -\; 15$$

10.

$$15 + 3 = 4$$

18. Wort-Wirrwarr

In jeder Aufgabe sind die Buchstaben eines Wortes in der Reihenfolge vertauscht. Können Sie das Wort wieder korrekt zusammensetzen? Alle aufgelisteten Buchstaben kommen im gesuchten Wort vor. Es könnte mehr als eine Lösung geben.

1.	**M M A D**	2.	**L E E F**
3.	**U N K P**	4.	**O L G B**
5.	**O S K T**	6.	**A F N P**
7.	**I E G R**	8.	**E T B T**
9.	**M U D N**	10.	**N A B N**
11.	**I B W E**	12.	**U E N F N K**
13.	**A E G T N S**	14.	**H I T G C S**

19. Rechnen mit römischen Zahlen

$$\boxed{\begin{array}{l} 4\ \%\ 7 \\ \&\ 3 = \end{array}}$$

Unser dezimales Zahlensystem mit arabischen Ziffern hat viele Vorteile. Es macht das Rechnen leichter. Probieren Sie das Kopfrechnen mal mit römischen Zahlen aus.

1. **IX + XII = ___**

2. **X + VI = ___**

3. **XIII + IX = ___**

4. **VIII / IV = ___**

5. **XV + XIX = ___**

6. **XVI * V = ___**

7. **X + XVIII - XIX = ___**

8. **XV + (IX + X) = ___**

9. **(XIX + IV * XI) = ___**

10. **(XVIII - XIV) * VII = ___**

11. **X * XVI = ___**

12.   **VII * XIX = ___**

13.   **(XII + IX) + ___ = XXVI**

14.   **___ + XVI - IX = VIII**

20. Überflüssige Ziffern $\boxed{\begin{smallmatrix}4\ \%\ 7\\ \&\ 3\ =\end{smallmatrix}}$

Entfernen Sie jeweils drei Ziffern auf der linken Seite der Gleichung, damit die Rechnung stimmt. Beachten Sie die Punkt-vor-Strich-Rechnung. Ein Operand kann nicht komplett entfernt werden, sondern es muss jeweils eine Ziffer bleiben.

1.   **525 + 72 = 27**

2.   **3 - 238 = -5**

3.   **469 - 149 = 35**

4.   **706 * 18 = 108**

5.   **25 + 2502 = 45**

6.   **3 * 5140 = 150**

7.   **9 + 3603 = 42**

8.   **911 * 30 = 33**

9.   **1043 - 7 = 3**

10.   **3 * 1384 = 42**

11.   **9 + 86 * 387 = 231**

12.   **15 * 3434 - 4 = 491**

13.   **3 * 1287 = 84**

14.   **2304 + 17 = 41**

15.   **119 * 497 = 517**

16.   **8 / 8 - 12658 = -17**

21. Doppel-Wort-Bedeutung

Suchen Sie Wörter, die an das erste Teilwort angehängt und dem zweiten Wort vorangestellt werden können. Die Striche zeigen, wie viele Buchstaben fehlen. Neben der Musterlösung können Sie weitere passende Worte finden.

1.   **STINK** _ _ _ _ **REICH**

2.   **TAGE** _ _ _ _ **STAHL**

3.   **PORT** _ _ _ _ **STEIN**

4. **WAREN** _ _ _ _ **TIEREN**

5. **SONNEN** _ _ _ _ _ **BOOT**

6. **FALLS** _ _ _ _ _ **SEREI**

7. **BRETT** _ _ _ _ _ **LKURS**

8. **ROGGEN** _ _ _ _ _ **SACK**

9. **SAUER** _ _ _ _ **WAREN**

10. **SCHNEIDE** _ _ _ _ _ **SPIELE**

11. **HALO** _ _ _ **ERALSTREIK**

12. **AUSGANGS** _ _ _ _ _ **ILBRANCHE**

13. **WELT** _ _ _ _ **TPROZEDUR**

14. **RETTUNGS** _ _ _ _ **TAGE**

15. **FLAMMEN** _ _ _ _ **SICHT**

22. Ziffern-Platzhalter

Ersetzen Sie in der Rechnung die fehlenden Ziffern für die Buchstaben. Ein Buchstabe steht immer für die gleiche Ziffer. Alle vorkommenden Ziffern sind durch den gleichen Buchstaben ersetzt. Beachten Sie die Punkt-vor-Strich-Rechnung.

1. $a2 + 1b2 = 22b$

2. $27 + 3a = bb$

3. $7 + aa = 5b$

4. $7a + a4 = b6$

5. $1a + 31 = ab$

6. $b5 + 85 = baa$

7. $58 + 3b = ba$

8. $ab + 4a = b6$

9. $bb + 37 = 8a$

10. $b4 + 6b = a52$

11. $8b + b8 = 1a3$

12. $$a8 + ab = 128$$

23. Matrix-Rechnen

```
4 % 7
& 3 =
```

In der Matrix stehen Gleichungen in den Spalten und Zeilen. Einigen Operanden fehlen einzelne oder mehrere Ziffern. Können Sie die leeren Stellen korrekt ausfüllen, damit die Rechnungen für Zeilen und Spalten stimmen?

1.

__	+	_ =	__
+		+	+
4 4 +		_ 3 =	1 1 _
=		=	=
8 5 +		_ 7 =	1 6 2

2.

__	+	7 7 =	_ 5 8
+		+	+
1 _ +		_ 2 =	8 1
=		=	=
1 0 0 +		1 _ 9 =	_ 3 _

3.

$$84 \; + \quad 95 \; = \quad 1\_\_$$
$$+ \qquad\quad + \qquad\qquad +$$
$$\_\_ \; + \qquad \_ \; = \qquad 6\_$$
$$= \qquad\quad = \qquad\qquad =$$
$$14\_ \; + \quad 1\_4 \; = \quad 245$$

4.

$$\_ \; + \quad \_2 \; = \qquad 81$$
$$+ \qquad\quad + \qquad\qquad +$$
$$\_\_ \; + \quad \_8 \; = \quad 18\_$$
$$= \qquad\quad = \qquad\qquad =$$
$$104 \; + \quad 1\_0 \; = \quad 26\_$$

5.

$$\_\_ \; + \quad \_\_ \; = \quad 110$$
$$+ \qquad\quad + \qquad\qquad +$$
$$147 \; + \quad 1\_ \; = \quad 1\_0$$
$$= \qquad\quad = \qquad\qquad =$$
$$193 \; + \quad \_\_ \; = \quad 270$$

6.

$$\_9 \ + \ 1\_ \ = \ 64$$
$$+ \qquad + \qquad +$$
$$11\_ \ + \ 8\_ \ = \ 191$$
$$= \qquad = \qquad =$$
$$\_6\_ \ + \ 95 \ = \ \_\_5$$

7.

$$\_83 \ + \ \_05 \ = \ 7\_8$$
$$+ \qquad + \qquad +$$
$$3\_ \ + \ \_31 \ = \ \_\_\_$$
$$= \qquad = \qquad =$$
$$520 \ + \ 5\_6 \ = \ 1056$$

8.

$$\_2 \ + \ 60 \ = \ \_\_$$
$$+ \qquad + \qquad +$$
$$1\_\_ \ + \ \_37 \ = \ 40\_$$
$$= \qquad = \qquad =$$
$$\_92 \ + \ 297 \ = \ 48\_$$

9.

$$399 + \_\_5 = 604$$
$$+ \qquad + \qquad +$$
$$\_\_1 + \_9\_ = \_5\_$$
$$= \qquad = \qquad =$$
$$860 + \_97 = 1257$$

10.

$$496 + 90 = 586$$
$$+ \qquad + \qquad +$$
$$\_9 + \_1\_ = 3\_\_$$
$$= \qquad = \qquad =$$
$$\_45 + 4\_\_ = 9\_5$$

Mittelschwere Aufgaben

24. Mathe-Puzzle

Legen Sie die Teile der Rechnung korrekt zusammen. Alle Puzzleteile kommen in der Lösung vor.
Wie lautet das Ergebnis der Rechnung? Beachten Sie dabei ebenfalls die Punkt-vor-Strich-Rechnung.

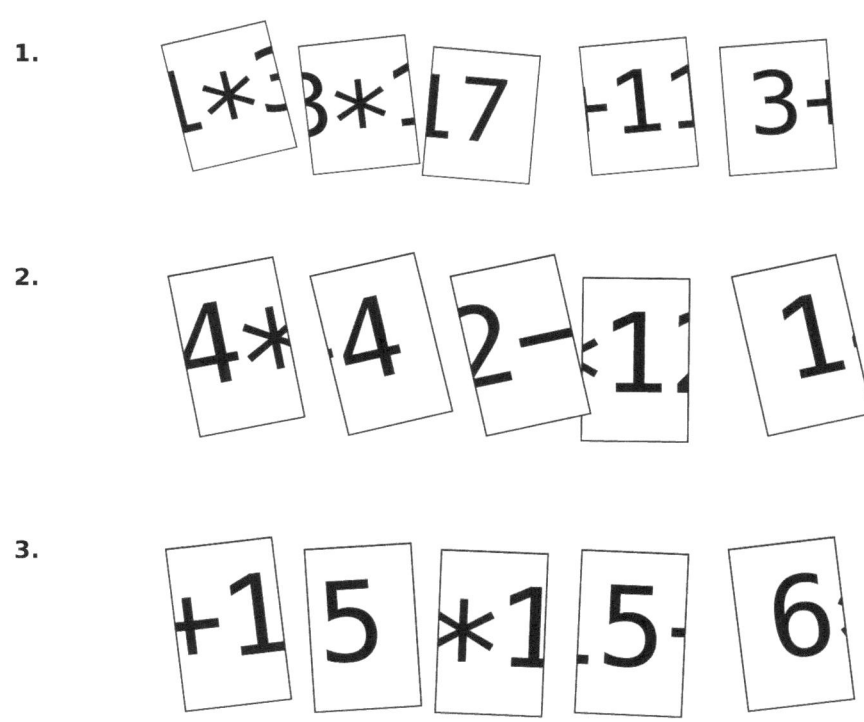

1.

2.

3.

4.

5.

6.

7.

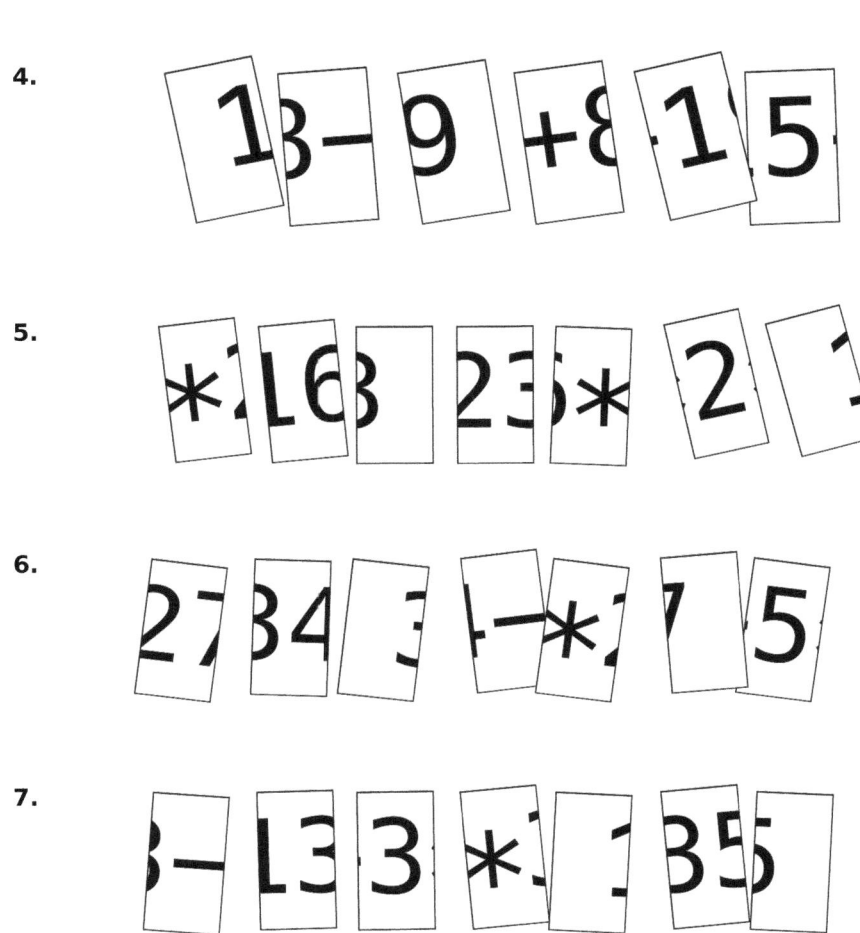

25. Wort-Salat

Hier sind in jeder Zeile zwei Wörter in einander geraten. Die Buchstaben stehen in der korrekten Reihenfolge, es ist aber nicht klar, ob ein Buchstabe zum ersten oder zum zweiten Wort gehört. Welche Worte sind es?

1. **K A I T M N E N D**

2. **S T A U P L B A N**

3. **R F U D E R L Y E R**

4. **E I V N E N F T O S**

5. **A G R I K T E P S**

6. **D F E E K I O E R R**

7. **R P O E M M I E M E S**

8. **S C H C A H N C U S S E**

9. **F L A A P R T O B E N P**

10. **B R A N C M H E O T I V**

11. **B F I E R N E L N S E N**

12.　　　**K O Z J U F A O T H E N R T**

13.　　　**A A N C L H A T E L U F**

26.　Rechen-Schlange

```
4 % 7
& 3 =
```

Hier schlängelt sich eine Rechnung durch die Waben. Es ist nicht klar, wo sie beginnt.
Jede Zahl und jeder Operator muss genau einmal verwendet werden und eine zusammenhängende Kette bilden. Lücken oder Sprünge sind nicht erlaubt. Das Ergebnis der gesuchten Rechnung ist jeweils angegeben. In manchen Fällen gibt es mehrere mögliche Wege, die zum korrekten Ziel führen. Finden Sie den richtigen Weg durch die Waben, um das Ziel zu erreichen?

1. **Erreichen Sie das Ergebnis: 98**

2. **Erreichen Sie das Ergebnis: 58**

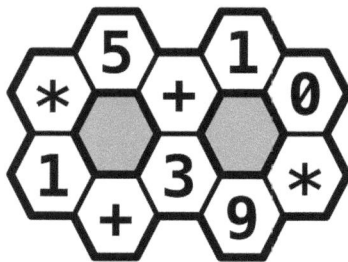

3. **Erreichen Sie das Ergebnis: 62**

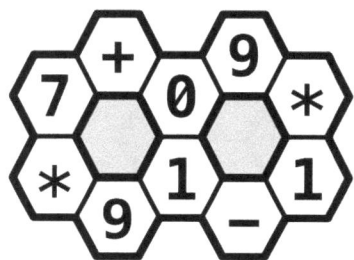

4. **Erreichen Sie das Ergebnis: 12**

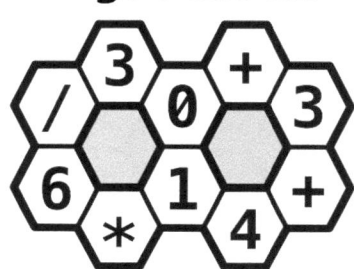

5. **Erreichen Sie das Ergebnis: 298**

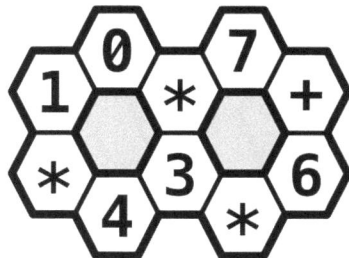

6. **Erreichen Sie das Ergebnis: -53**

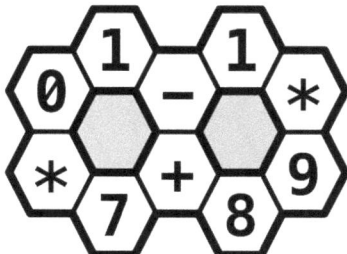

7. **Erreichen Sie das Ergebnis: -48**

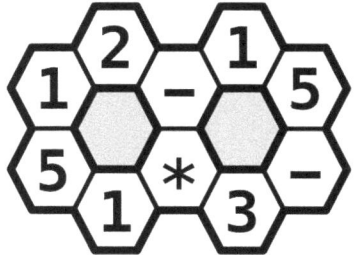

8. **Erreichen Sie das Ergebnis: 255**

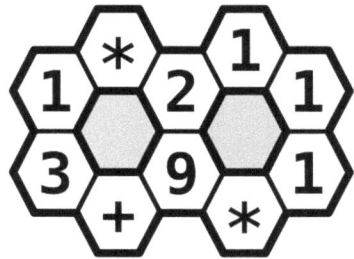

9. **Erreichen Sie das Ergebnis: -137**

10. **Erreichen Sie das Ergebnis: -56**

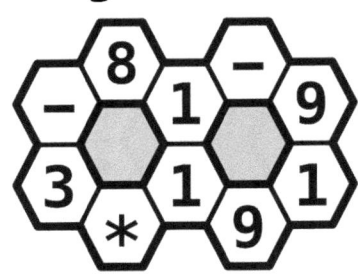

11. **Erreichen Sie das Ergebnis: 489**

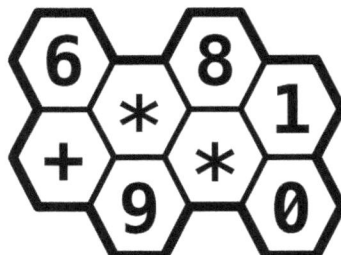

12. **Erreichen Sie das Ergebnis: -1**

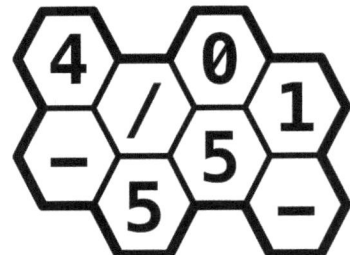

13. **Erreichen Sie das Ergebnis: 5**

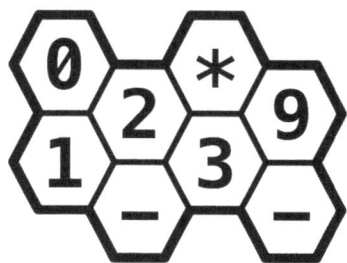

14. **Erreichen Sie das Ergebnis: 71**

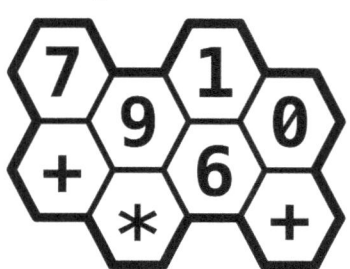

27. Wort-Puzzle

Können Sie das Wort wieder zusammensetzen, das hier durcheinander geraten ist? Alle Buchstaben sind als Großbuchstaben geschrieben.

1.

2.

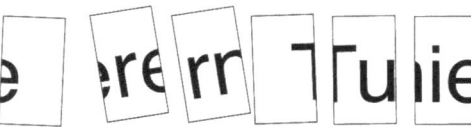

3.

4.

5.

6.

7.

8.

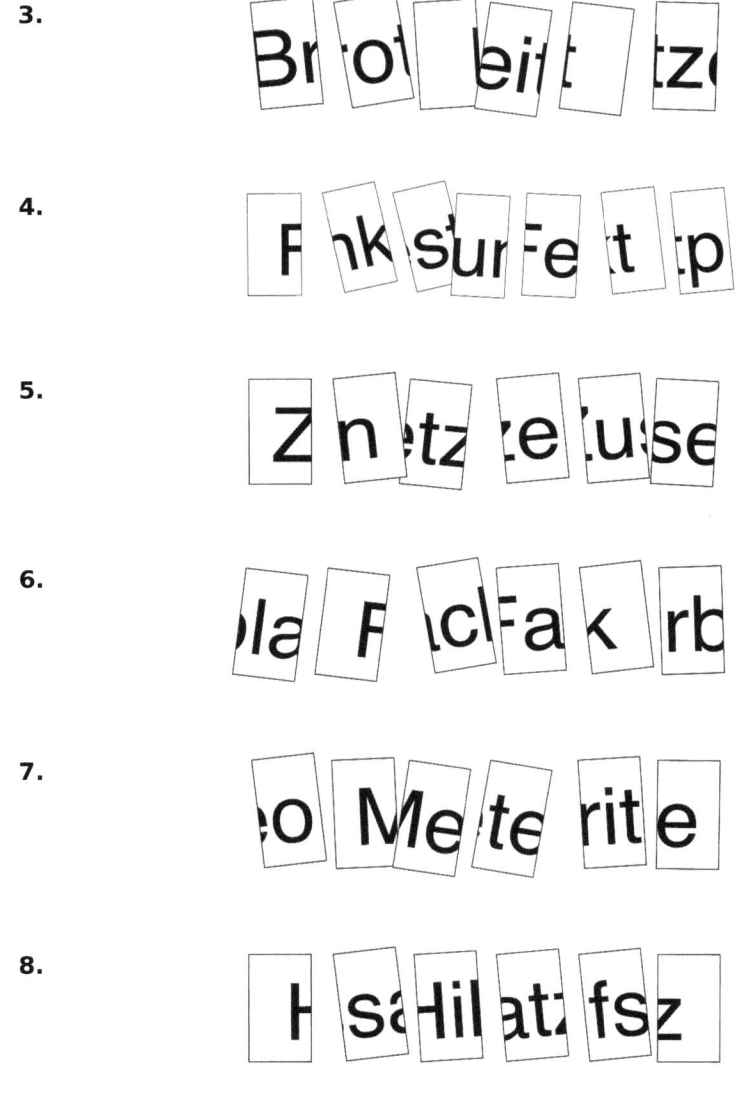

9.

10.

11.

12.

13.

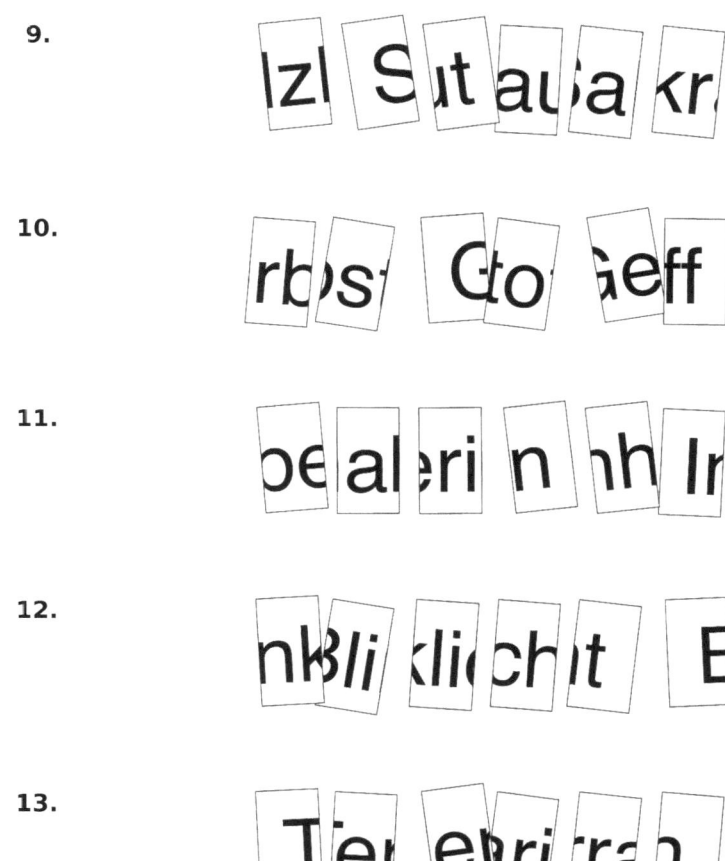

28. Zielrechnen

```
4 % 7
& 3 =
```

Vorgegeben sind vier Zahlen und ein Zielwert. Finden Sie eine Rechnung mit den Operatoren +, -, * und / um mit den vorgegebenen Zahlen genau den Zielwert zu treffen. Klammern um Teilrechnungen sind erlaubt. Es gilt die Punkt-vor-Strich-Rechnung.

1.
Erreichen Sie 31
mit den Zahlen: 3, 6, 5, 6.

2.
Erreichen Sie 61
mit den Zahlen: 8, 1, 5, 8.

3.
Erreichen Sie 28
mit den Zahlen: 3, 1, 7, 9.

4.
Erreichen Sie 182
mit den Zahlen: 13, 5, 15, 11.

5.
Erreichen Sie 112
mit den Zahlen: 8, 13, 13, 15.

6.
Erreichen Sie 115
mit den Zahlen: 5, 4, 2, 13.

7.
Erreichen Sie 176
mit den Zahlen: 15, 8, 11, 8.

8. **Erreichen Sie 88
mit den Zahlen: 13, 7, 5, 12.**

9. **Erreichen Sie 172
mit den Zahlen: 6, 9, 12, 8.**

10. **Erreichen Sie 172
mit den Zahlen: 3, 10, 8, 15.**

11. **Erreichen Sie 132
mit den Zahlen: 3, 5, 5, 6.**

12. **Erreichen Sie 64
mit den Zahlen: 9, 5, 12, 19.**

29. Überflüssige Buchstaben

In jedem Wort sind zu viele Buchstaben eingebaut. Können Sie die unnötigen Zeichen finden und das korrekte Wort erkennen? In den Klammern steht die Anzahl der überflüssigen Buchstaben.

1. **EQNTEZNAJAGDEN (3)**

2. **APBAKRODNIE (4)**

3. **ZUKFLKUESSROHR (3)**

4. **KNKUYBBELNASECN (3)**

5. **KAMPFHYANDALUNLG (3)**

6. **AHALLSDKETTQE (4)**

7. **SSPANHNUXNGSFRELD (4)**

8. **EINGVENGTUUM (4)**

9. **BLISNCDEKUKH (3)**

10. **BEZSITZLTITEFL (3)**

11. **WAILDPIARKXS (3)**

12. **ELXPODUYS (3)**

13. **OBUERLZICHJT (3)**

14. **PAPDIERULOCHEKR (3)**

15. **WTIDOERASACHER (3)**

16. **VERBANMDSZMEPUG (3)**

17. **AWEGZGETNOSASE (4)**

30. Matrix-Rechnen

In der Matrix stehen Gleichungen in den Spalten und Zeilen. Einigen Operanden fehlen Ziffern. Können Sie die leeren Stellen korrekt ausfüllen, damit die Rechnung stimmt?

1.

$$\_\_\_ + 681 = 1188$$
$$+ \qquad + \qquad +$$
$$312 + 4\_6 = \_\_8$$
$$= \qquad = \qquad =$$
$$81\_ + \_167 = 19\_6$$

2.

$$8\_4 + \_47 = 1471$$
$$+ \qquad + \qquad +$$
$$\_65 + 5\_\_ = 97\_$$
$$= \qquad = \qquad =$$
$$\_289 + 1153 = 2\_4\_$$

3.

$$1\_2 \; + \quad 7\,0\,5 \; = \quad 8\,3\,7$$
$$+ \qquad\qquad + \qquad\qquad +$$
$$5\_\_ \; + \quad 3\,4\_ \; = \quad 8\,9\_$$
$$= \qquad\qquad = \qquad\qquad =$$
$$6\_\_ \; + \quad \_0\,5\,0 \; = \quad 1\,7\_5$$

4.

$$2\_ \; + \quad 9\_8 \; = \quad \_\_4$$
$$+ \qquad\qquad + \qquad\qquad +$$
$$\_\_ \; + \quad \_7\,7 \; = \quad 7\,5\,3$$
$$= \qquad\qquad = \qquad\qquad =$$
$$1\,0\,2 \; + \quad 1\,6\,4\,5 \; = \quad \_\_4\,7$$

5.

$$\_0\,4 \; + \quad 8\_1 \; = \quad 9\_5$$
$$+ \qquad\qquad + \qquad\qquad +$$
$$7\,2\_ \; + \quad 2\,2\_ \; = \quad 9\_1$$
$$= \qquad\qquad = \qquad\qquad =$$
$$8\,3\_ \; + \quad 1\,0\,2\,3 \; = \quad \_\_5\_$$

6.

$$99\_ \; + \; 9\_\_ \; = \; 199\_$$
$$+ \qquad\quad + \qquad\qquad +$$
$$\_7 \; + \; 821 \; = \; \_68$$
$$= \qquad\quad = \qquad\qquad =$$
$$\_\_44 \; + \; \_818 \; = \; 28\_2$$

7.

$$9\_8 \; + \; 27\_ \; = \; 126\_$$
$$+ \qquad\quad + \qquad\qquad +$$
$$\_\_5 \; + \; 3\_2 \; = \; \_257$$
$$= \qquad\quad = \qquad\qquad =$$
$$\_933 \; + \; \_85 \; = \; \_\_18$$

8.

$$\_\_0 \; + \; 59\_ \; = \; \_183$$
$$+ \qquad\quad + \qquad\qquad +$$
$$614 \; + \; 6\_8 \; = \; 1242$$
$$= \qquad\quad = \qquad\qquad =$$
$$1\_\_\_ \; + \; \_221 \; = \; \_\_25$$

31. Rechnen mit römischen Zahlen

$$\boxed{\begin{array}{l} 4\ \%\ 7 \\ \&\ 3 = \end{array}}$$

Unser dezimales Zahlensystem mit arabischen Ziffern hat viele Vorteile. Es macht das Rechnen leichter. Probieren Sie das Kopfrechnen mal mit römischen Zahlen aus.

1.   **XIX - XIX + XII = __**

2.   **XI + XIV + __ = XXXVII**

3.   **XIX + XIII + XI = __**

4.   **__ + XV - XIX = III**

5.   **(XV * XIII) - __ = CXCI**

6.   **__ * IV + XII = LII**

7.   **(IV * XVII / I) - __ = LVIII**

8.   **(XV + III) * V = __**

9.   **(XX * IV + __) = LXXXVII**

10.   **(IX + II) - XV + __ = III**

11.   **VI * VI * III = __**

12.   **___ * XVII - VII = CLXXX**

32.   Lücken-Füller

$$\begin{array}{l} 4\ \%\ 7 \\ \&\ 3 = \end{array}$$

Setzen Sie die vorgegebenen Zahlen in die offenen Stellen ein, damit die Gleichung stimmt. Es gilt die Punkt-vor-Strich-Rechnung.

1.   **Fügen Sie 18, 7, 19 ein:**

___ - ___ * ___ = -335

2.   **Fügen Sie 18, 6, 3 ein:**

(___ * ___) - ___ = 48

3.   **Fügen Sie 2, 20, 18, 11 ein:**

(___ - ___ / ___) * ___ = 18

4.   **Fügen Sie 4, 10, 6, 14 ein:**

(___ + ___) / ___ * ___ = 6

5.   **Fügen Sie 8, 3, 19, 9 ein:**

___ * ___ / ___ + ___ = 65

6. **Fügen Sie 1, 19, 11, 16 ein:**

    __ * (__ - (__ / __))=-128

7. **Fügen Sie 12, 15, 3, 20 ein:**

    __ - (__ / __ * __) = -22

8. **Fügen Sie 4, 13, 16, 2 ein:**

    (__ * __ / __) + __ = 45

9. **Fügen Sie 20, 1, 14, 6 ein:**

    (__ / __ + __) * __ = 364

33. Wort-Muster

Suchen Sie für jedes Muster deutsche Worte die passen. Für den Platzhalter "_" kann jeder andere Buchstabe eingesetzt werden. Für die meisten Muster gibt es mehr Lösungen als Sie denken. Können Sie für jedes Muster drei Beispiele finden?

1. **S C H _ P _ E _**   2. **M _ _ _ C H E N**

3. **S C H _ I _ _ E N**   4. **_ _ T I _ N E N**

5. **S T _ _ _ _ E N**

34. Zellen entfernen

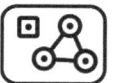

Streichen Sie alle Zellen/Zahlen, die nicht für die Summen rechts neben der Zeile oder unter der Spalte benötigt werden. Die Zahlen in Klammern definieren, wie viele Zellen in die Summe eingehen sollen.

1.

3	9	4	1	8	20 (3)
5	7	8	8	2	23 (3)
8	1	9	7	6	23 (4)
2	8	2	7	4	15 (4)
3	4	1	9	3	16 (3)

8 21 19 31 18
(3)(4)(3)(4)(3)

2.

8	6	5	6	6	19 (3)
7	9	6	2	5	18 (3)
2	3	9	6	4	22 (4)
6	7	1	9	4	26 (4)
2	9	1	3	4	6 (3)

23 19 15 20 14
(4)(3)(3)(4)(3)

3.

8	5	5	9	4	23 (4)
1	6	6	9	2	21 (3)
1	8	4	7	8	20 (4)
5	7	3	6	7	18 (3)
8	6	7	3	9	23 (3)

14 24 15 31 21
(3)(4)(3)(4)(3)

4.

6	6	1	4	2	15 (4)
7	6	3	1	6	10 (3)
1	5	6	9	7	20 (3)
4	6	1	1	4	14 (3)
3	1	5	5	8	21 (4)

13 17 15 15 20
(3)(3)(4)(3)(4)

5.

7	7	1	8	5	22 (3)
9	3	8	4	8	20 (3)
2	9	8	3	6	26 (4)
9	4	6	7	2	15 (3)
3	5	3	7	5	18 (4)

19 24 17 25 16
(3)(4)(3)(4)(3)

6.

2	4	5	8	2	7	21 (4)
7	7	3	3	1	7	25 (5)
9	1	4	5	8	4	19 (4)
2	6	9	5	5	4	17 (4)
4	8	8	7	6	6	31 (5)
9	2	7	5	8	6	28 (5)

24 20 19 28 20 30
(5)(5)(3)(5)(4)(5)

7.

1	8	8	7	7	2	26 (5)
6	5	2	6	4	8	21 (4)
5	4	4	5	8	3	25 (5)
6	7	1	9	3	9	34 (5)
8	8	7	6	9	3	30 (4)
9	7	2	1	9	1	26 (4)

29 27 21 26 36 23
(5)(4)(4)(4)(5)(5)

8.

5	3	6	4	6	7	20 (4)
1	3	4	5	5	7	20 (5)
4	9	8	1	2	3	19 (5)
8	3	2	6	5	8	21 (4)
3	4	4	7	8	3	26 (5)
1	4	4	1	6	8	19 (4)

13 23 16 19 26 28
(3)(5)(4)(5)(5)(5)

9.

8	5	7	2	6	7	19 (3)
1	4	6	1	8	5	21 (5)
6	4	3	1	5	1	17 (5)
3	9	6	9	4	5	33 (5)
5	1	7	1	5	9	18 (4)
9	4	4	7	9	5	31 (5)

21 22 30 12 31 23
(4)(4)(5)(4)(5)(5)

10.

6	9	1	7	3	2	17 (3)
4	7	1	7	5	8	20 (4)
8	4	1	7	1	7	20 (5)
8	5	9	1	3	4	29 (5)
1	8	5	6	6	1	19 (5)
7	8	9	5	8	6	35 (5)

22 33 25 25 15 20
(4) (5) (5) (4) (4) (5)

35. Formen finden

In der Grafik verstecken sich einige feige Formen. Wie viele
Rechtecke verstecken sich jeweils in der Grafik?

1.

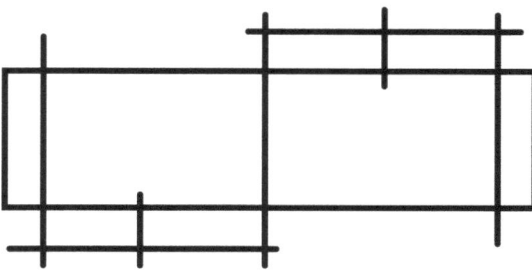

2.

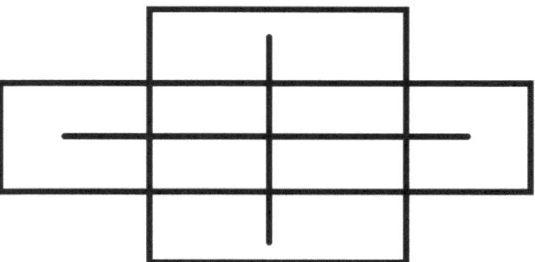

3.

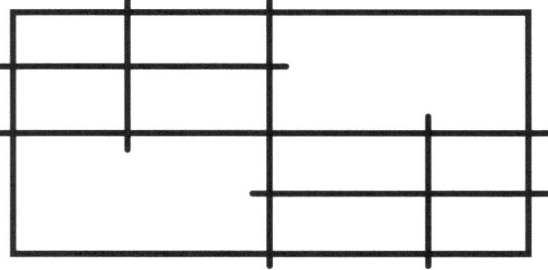

4.

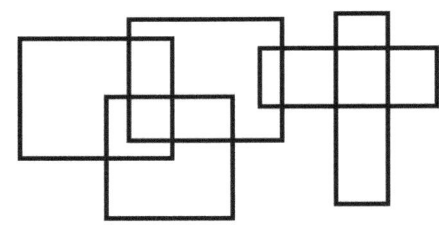

5.

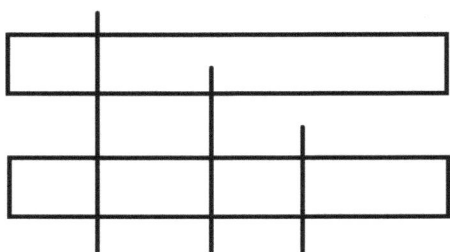

6.

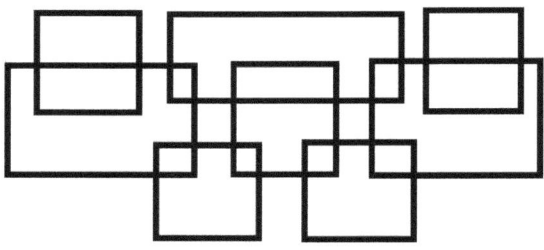

36.   Wort-Wirrwarr

In jeder Aufgabe sind die Buchstaben eines Wortes in der Reihen- folge vertauscht. Können Sie das Wort wieder korrekt zusammen- setzen? Alle aufgelisteten Buchstaben kommen im gesuchten Wort vor. Es könnte mehr als eine Lösung geben.

1. **P R A E R T M**
2. **A G S U E W**
3. **R R L H E E**
4. **T G T A L S E**
5. **A B E K L N**
6. **E R O D T T**
7. **L E T A I K R**
8. **A G A B S E**
9. **R O A L T P**
10. **N E A W G D**
11. **R F H E T E**
12. **L E D M L O**
13. **L S U Z G T A**
14. **E A L M N G**
15. **E M N A D**
16. **L O R A F V L**
17. **I H F T C E**
18. **E M L A K M R**

37. Fehlende Operatoren

4 % 7
& 3 =

Welche Operatoren (+, -, *, /) fehlen zwischen den Zahlen, damit die Rechnung stimmt? Beachten Sie die Punktrechnung-vor-Strich-Rechnung.

1. $11 \_ (7 \_ 3) \_ 4 = 12$

2. $7 \_ (17 \_ (9 \_ 5)) = 20$

3. $7 \_ 7 \_ 10 \_ 9 = 86$

4. $(8 \_ 10 \_ 9 \_ 7) = 143$

5. $(((10 \_ 4) \_ 8) \_ 6) = 132$

6. $9 \_ 8 \_ (2 \_ 9) = 90$

7. $4 \_ 5 \_ 6 \_ 3 = 6$

8. $6 \_ ((9 \_ 6) \_ 9) = -36$

9. $((9 \_ 6 \_ 6) \_ 7) = -34$

10. $(5 \_ 2 \_ (9 \_ 5)) = -11$

11. $(1 \_ 6) \_ (3 \_ 4) = 49$

12. $((2 \_ 9) \_ 6 \_ 9) = -6$

13. $2 \_ 5 \_ 6 \_ 6 = 6$

14. $(5 \_ ((6 \_ 7) \_ 2)) = 49$

15. $((3 \_ 5 \_ 5) \_ 6) = 12$

16. $1 \_ (2 \_ 6 \_ 8) = -49$

17. $(((2 \_ 9) \_ 2) \_ 1) = 15$

18. $(7 \_ (2 \_ (8 \_ 6))) = -43$

19. $(8 \_ 5 \_ (6 \_ 9)) = 25$

20. $6 \_ (6 \_ 1 \_ 9) = 96$

21. $5 \_ 3 \_ 3 \_ 6 = 18$

22. $(8 \_ 9 \_ 6 \_ 6) = 60$

38. Doppel-Wort-Bedeutung

Suchen Sie Wörter, die an das erste Teilwort angehängt und dem zweiten Wort vorangestellt werden können. Die Striche zeigen, wie viele Buchstaben fehlen. Neben der Musterlösung können Sie weitere passende Worte finden.

1. **NEBEN _ _ _ SCHLUCHT**

2. **CRASH _ _ _ _ ZIEL**

3. **SCHAUP _ _ _ _ HOSE**

4. **GEGEN _ _ _ _ ELISTEN**

5. **UNTER _ _ _ _ ESFRUCHT**

6. **HOCHGE _ _ _ _ SCHALE**

7. **SCHLEMMERS _ _ _ FENZUPFER**

8. **STIFTKON _ _ _ _ PERIODEN**

9. **HEIMA _ _ _ _ _ ENHEBER**

10. **REIF _ _ _ _ BUND**

11. **BRANCHEN _ _ _ _ STABE**

12. **BOMBEN** _ _ _ _ _ **NEUROSEN**

13. **STURM** _ _ _ _ _ **NSPIELE**

14. **FEDER** _ _ _ _ _ **ERHAKEN**

15. **WALLG** _ _ _ _ _ **VIEH**

39. Wort-Schlange

Hier schlängelt sich ein Wort durch die Waben. Es ist nicht klar, wo es beginnt und wo es endet.
Jede Wabe muss genau einmal verwendet werden. Die Buchstaben müssen eine zusammenhängende Kette bilden.
Lücken oder Sprünge sind nicht erlaubt.
Wie lautet das gesuchte Wort?

1.

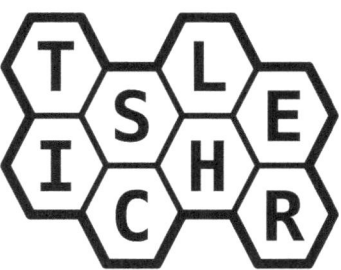

2.

3.

4.

5.

6.

7.

8.

9.

10.

11.

12.

40. Stäbchen umlegen (Buchstaben)

Legen Sie in jedem Buchstaben genau zwei Stäbchen um, damit ein Wort der deutschen Sprache entsteht.

1. Finden Sie ein anderes Wort für 'Information'.

2. Finden Sie eine Pflanze.

3. Finden Sie ein anderes Wort für 'Wut'.

4.

Finden Sie eine Musikrichtung.

5.

Finden Sie ein Haushaltsgerät.

6.

Finden Sie ein anderes Wort für 'Widerhall'.

41.　Ziffern-Platzhalter

$\boxed{\begin{array}{l} 4\ \%\ 7 \\ \&\ 3 = \end{array}}$

Ersetzen Sie in der Rechnung die fehlenden Ziffern für die Buchstaben. Ein Buchstabe steht immer für die gleiche Ziffer. Alle vorkommenden Ziffern sind durch den gleichen Buchstaben ersetzt. Beachten Sie die Punkt-vor-Strich-Rechnung.

1.　　$a2 + 1b2 = 22b$

2.　　$83 - 80a = -7b1$

3.　　$334 + b2 = 3ab$

4.　　$b3b + 516 = a48$

5.　　$222 + ab7 = b09$

6.　　$a6 - 869 = -a9b$

7.　　$ba8 - 82 = cc$

8.　　$2b5 + c9b = 42a$

9.　　$c1b - ac = 184$

10.　　$101 + abc = b40$

11.　　$a5 - 2cb = -cc8$

42. Wort-Salat

Hier sind in jeder Zeile zwei Wörter in einander geraten. Die Buchstaben stehen in der korrekten Reihenfolge, es ist aber nicht klar, ob ein Buchstabe zum ersten oder zum zweiten Wort gehört. Welche Worte sind es?

1. **R E W I E G G A E L N**

2. **O A R U T C O A**

3. **S S E U C I H E N N**

4. **M O O R D B E L I T**

5. **H A D E R F A L E E N R**

6. **S C H T U R H E N D E**

7. **K O R S B C H E U**

8. **B R E S A A D T L Z E R**

9. **H E A L D S P E I N K T**

10. **K M O L U F T P P S**

11. **L M O T A S U E E R**

12. **F E F I A G U N E A**

43. Stäbchen umlegen (Zahlen)

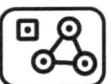

Legen Sie in jeder Gleichung zwei Stäbchen um, damit die Rechnung stimmt. Das Gleichheitszeichen bleibt fest und darf nicht verändert werden. In der Vorstellung der Aufgaben auf Seite 11 sind alle Zeichen in der Schreibweise mit Stäbchen aufgeführt. Beachten Sie die Punkt-vor-Strich-Rechnung.

1. $-5-4=-18$

2. $5-0=-8$

3. $-6+9=0$

4. $-3\ 13=\ 6$

5. $-7-5=\ 1\ 16$

6. $5-6=\ \times\ 1\ 1$

7. $18-\ 1=\ -3$

8. $-5-8=\ -74$

9. $-8-5=\ -46$

10. $9 + 9 - 8 = 06$

11. $7 + 3 + 9 = 05$

12. $0 \times 5 \times 6 = 162$

13. $0 - 7 - 8 = -14$

44. Rechen-Schlange

$$\begin{array}{l} 4\ \%\ 7 \\ \&\ 3 = \end{array}$$

Hier schlängelt sich eine Rechnung durch die Waben. Es ist nicht klar, wo die Rechnung beginnt.
Jede Zahl und jeder Operator muss genau einmal verwendet werden und eine zusammenhängende Kette bilden. Lücken oder Sprünge sind nicht erlaubt. Das Ergebnis der gesuchten Rechnung ist jeweils angegeben. In manchen Fällen gibt es mehrere mögliche Wege, die zum korrekten Ziel führen. Finden Sie den richtigen Pfad durch die Waben, um das Ziel zu erreichen?

1.

Erreichen Sie das Ergebnis: 14

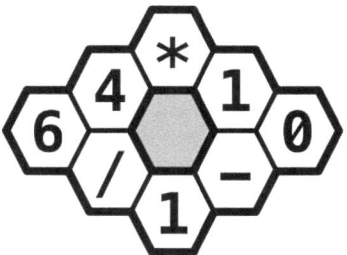

2.

Erreichen Sie das Ergebnis: 24

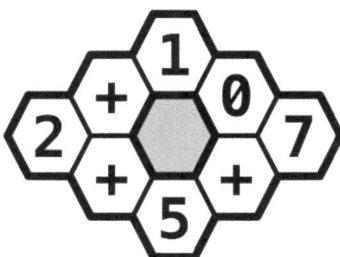

3. ## Erreichen Sie das Ergebnis: 15

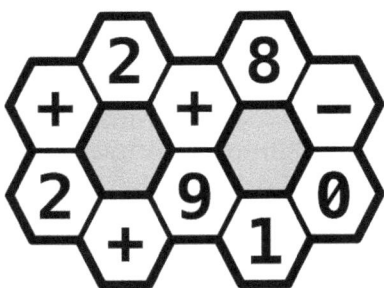

4. ## Erreichen Sie das Ergebnis: 10

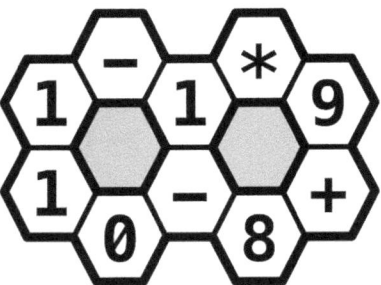

5. ## Erreichen Sie das Ergebnis: 26

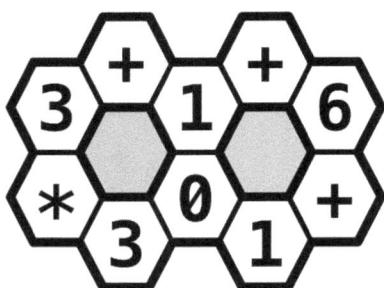

6. # Erreichen Sie das Ergebnis: 17

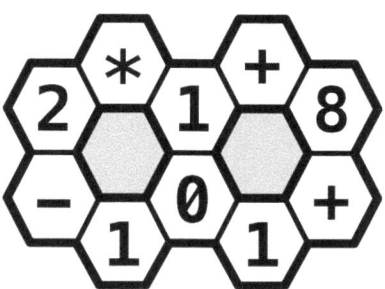

7. # Erreichen Sie das Ergebnis: -25

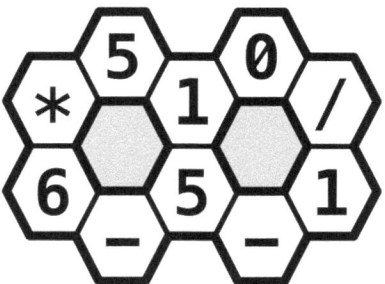

Mittelschwere Aufgaben

Schwere Aufgaben

45. Wort-Salat

Hier sind in jeder Zeile zwei Wörter in einander geraten. Die Buchstaben stehen in der korrekten Reihenfolge, es ist aber nicht klar, ob ein Buchstabe zum ersten oder zum zweiten Wort gehört. Welche Worte sind es?

1. **R E W I E G G A E L N**

2. **O A R U T C O A**

3. **S S E U C I H E N N**

4. **M O O R D B E L I T**

5. **H A D E R F A L E E N R**

6. **S C H T U R H E N D E**

7. **K O R S B C H E U**

8. **B R E S A A D T L Z E R**

9. **H E A L D S P E I N K T**

10. **K M O L U F T P P S**

11. **L M O T A S U E E R**

12. **F E F I A G U N E A**

13. **A U R L R A U B B E I T**

14. **L S O T C H E I R F T**

46. Zellen entfernen

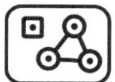

Streichen Sie alle Zellen/Zahlen, die nicht für die Summen rechts neben der Zeile oder unter der Spalte benötigt werden. Die Zahlen in Klammern definieren, wie viele Zellen in die Summe eingehen sollen.

1.

2	4	1	8	9	8	18 (3)
7	7	7	5	5	6	18 (3)
8	4	3	9	3	6	16 (3)
9	2	5	6	4	4	15 (3)
7	2	2	1	4	9	18 (3)
8	4	4	1	6	8	11 (3)
23	8	8	18	20	19	
(3)	(3)	(3)	(3)	(3)	(3)	

2.

8	4	8	2	8	4	14 (3)
7	7	2	3	9	6	12 (3)
1	7	4	2	1	2	4 (3)
8	3	5	2	6	7	17 (3)
6	8	6	9	4	2	14 (3)
6	2	6	4	2	5	10 (3)

16 14 16 7 7 11
(3)(3)(3)(3)(3)(3)

3.

5	1	7	1	4	9	21 (3)
7	5	8	9	9	3	19 (3)
2	4	5	3	3	5	10 (3)
4	2	8	8	8	6	18 (3)
4	3	2	5	3	6	11 (3)
8	8	1	6	4	1	18 (3)

14 13 14 17 21 18
(3)(3)(3)(3)(3)(3)

4.

1	6	5	8	9	2	9 (3)
1	5	4	4	3	3	10 (3)
5	3	8	4	4	4	15 (3)
8	7	8	1	8	5	23 (3)
3	2	6	4	8	7	17 (3)
3	7	1	3	9	3	15 (3)

12 16 18 11 20 12
(3)(3)(3)(3)(3)(3)

5.

7	6	6	5	2	7	26 (4)
5	8	1	9	5	7	34 (5)
7	6	1	4	2	7	20 (5)
1	4	9	3	3	7	24 (5)
6	9	8	6	8	4	28 (4)
3	5	8	2	6	1	20 (4)

19 29 32 22 21 29
(4)(5)(5)(4)(4)(5)

6.

4	9	5	6	4	1	22 (4)
5	2	6	3	4	9	27 (5)
7	7	9	5	7	5	33 (5)
2	6	4	9	3	5	21 (4)
9	3	5	6	6	4	22 (4)
5	1	2	6	1	3	13 (5)

25 20 26 23 18 26
(4)(4)(5)(4)(5)(5)

7.

7	8	5	2	1	5	5	26 (5)
6	3	1	5	3	8	7	27 (5)
5	9	9	3	1	3	8	35 (6)
3	7	3	6	4	9	7	33 (6)
9	7	1	5	8	7	7	38 (5)
5	2	5	9	6	1	9	22 (4)
4	1	3	1	6	3	6	20 (6)

35 34 21 18 26 27 40
(6)(6)(5)(4)(6)(4)(6)

8.

3	2	6	9	9	4	7	37 (6)
8	8	2	1	6	8	9	33 (6)
3	9	3	1	5	2	7	29 (6)
1	4	6	1	8	2	4	21 (5)
6	2	5	1	5	3	4	17 (5)
9	4	3	8	5	1	9	36 (6)
6	8	7	6	1	9	2	23 (3)

26 33 22 20 38 26 31
(4)(6)(5)(5)(6)(6)(5)

9.

1	5	2	2	8	3	1	19 (6)
3	9	7	4	7	2	4	28 (5)
2	4	2	1	8	1	9	11 (3)
1	7	6	8	4	4	7	33 (6)
4	6	5	8	1	5	4	32 (6)
6	7	5	3	4	2	3	24 (6)
4	9	1	6	5	2	6	27 (5)

13 43 27 28 31 11 21
(5)(6)(6)(6)(5)(4)(5)

10.

5	4	3	7	6	1	7	28 (6)
6	2	7	5	9	5	1	19 (4)
4	3	9	5	9	2	1	19 (5)
9	8	2	3	9	5	5	32 (6)
3	5	4	6	8	1	7	31 (6)
3	8	1	3	3	9	2	9 (4)
5	8	4	2	2	3	4	26 (6)

12 30 21 24 34 17 26
(3)(6)(6)(5)(5)(6)(6)

47. Überflüssige Buchstaben

In jedem Wort sind zu viele Buchstaben eingebaut. Können Sie die unnötigen Buchstaben finden und das korrekte Wort erkennen? In den Klammern steht die Anzahl der überflüssigen Buchstaben.

1. **BSODEHNCWMELLJE (5)**

2. **KLSOSTOEYRTRLACHNT (5)**

3. **ABLRUTKAUSLTEN (4)**

4. **MMUSKVEHLHKRAHFT (5)**

5.   **HAZUSGANKGSPUVNDKT (5)**

6.   **PACSFSQIIVA (4)**

7.   **ESECEHEVLLE (4)**

8.   **RQAGBVATRZ (4)**

9.   **ASAEKUCHETN (4)**

10.   **OAXPAVRUTE (4)**

11.   **XAKUTSPCUFF (4)**

12.   **KPZRWIVILPEG (4)**

48. Rechen-Schlange

4 % 7
& 3 =

Hier schlängelt sich eine Rechnung durch die Waben. Es ist nicht klar, wo die Rechnung beginnt.
Jede Zahl und jeder Operator muss genau einmal verwendet werden und eine zusammenhängende Kette bilden. Lücken oder Sprünge sind nicht erlaubt. Das Ergebnis der gesuchten Rechnung ist jeweils angegeben. In manchen Fällen gibt es mehrere mögliche Wege, die zum korrekten Ziel führen. Finden Sie den richtigen Weg durch die Waben, um das Ziel zu erreichen?

1. Ergebnis: 109

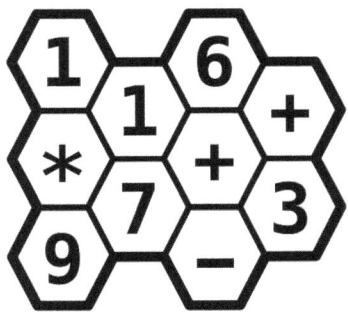

2. Ergebnis: 44

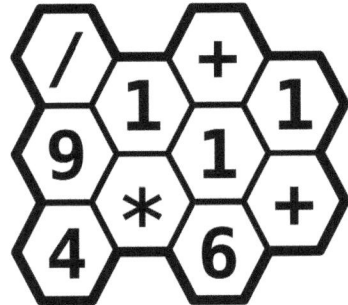

3. Ergebnis: 147

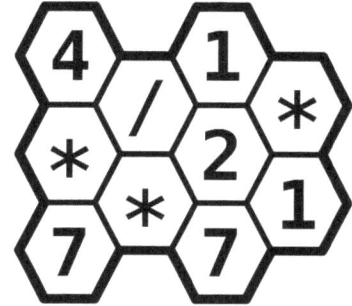

4. Ergebnis: 53

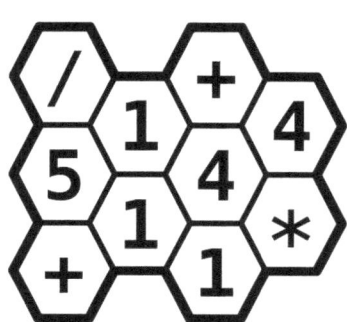

5. Ergebnis: 80

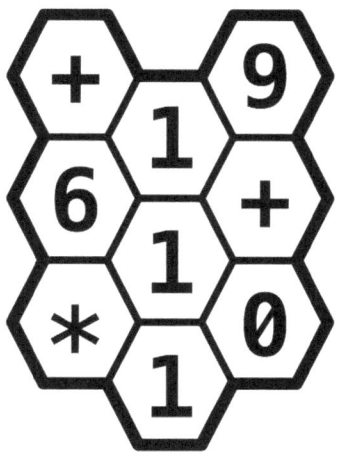

6. Ergebnis: 66

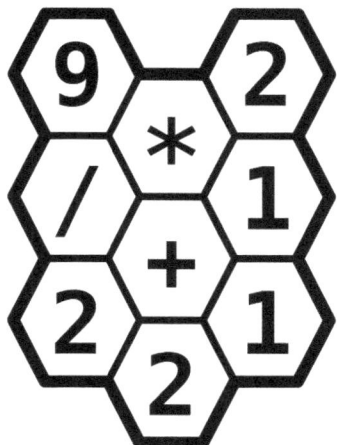

49. Wort-Wirrwarr

In jeder Aufgabe sind die Buchstaben eines Wortes in der Reihen- folge vertauscht. Können Sie das Wort wieder korrekt zusammen- setzen? Alle aufgelisteten Buchstaben kommen im gesuchten Wort vor. Es könnte mehr als eine Lösung geben.

1. **STEOPD**

2. **NINTAET**

3. **SILCEHT**

4. **FSUEFOL**

5. **BMENESE**

6. **TFAFIGIR**

7. **GIEABRD**

8. **GOANVE**

9. **AKTRBTAE**

10. **ZREENFOI**

11. **EIFLHESC**

12. **DEEBAUJTG**

13. **TOKSIMO**

14. **RAUTEGH**

15. **ARITBFEU**

16. **RRDMOFUK C**

50. Zielrechnen

$$4 \% 7$$
$$\& 3 =$$

Vorgegeben sind vier Zahlen und ein Zielwert. Finden Sie eine Rechnung mit den Operatoren +, -, * und / um mit den vorgegebenen Zahlen genau den Zielwert zu treffen. Klammern um Teilrechnungen sind erlaubt. Es gilt die Punkt-vor-Strich-Rechnung.

1. **Erreichen Sie 22
mit den Zahlen: 8, 4, 9, 5.**

2. **Erreichen Sie 42
mit den Zahlen: 6, 5, 9, 8.**

3. **Erreichen Sie 87
mit den Zahlen: 12, 7, 12, 3.**

4. **Erreichen Sie 207
mit den Zahlen: 20, 2, 17, 18.**

5. **Erreichen Sie 217
mit den Zahlen: 4, 10, 19, 13.**

6. **Erreichen Sie 80
mit den Zahlen: 6, 5, 11, 2.**

7. **Erreichen Sie 72
mit den Zahlen: 1, 19, 16, 12.**

8.

Erreichen Sie 186
mit den Zahlen: 19, 12, 6, 3.

9.

Erreichen Sie 401
mit den Zahlen: 13, 9, 17, 19.

10.

Erreichen Sie 183
mit den Zahlen: 1, 8, 12, 11.

11.

Erreichen Sie 32
mit den Zahlen: 15, 13, 5, 2.

12.

Erreichen Sie 220
mit den Zahlen: 5, 4, 17, 14.

51. Wort-Schlange

Hier schlängelt sich ein Wort durch die Waben. Es ist nicht klar, wo es beginnt und wo es endet.
Jede Wabe muss genau einmal verwendet werden. Die Buchstaben bilden eine zusammenhängende Kette. Lücken oder Sprünge sind nicht erlaubt.
Wie lautet das gesuchte Wort?

1.

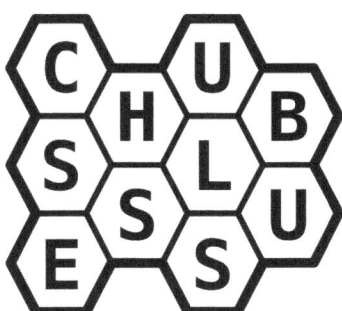

2.

3.

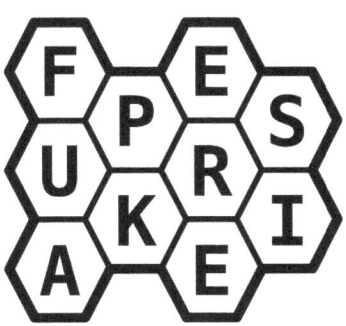

4.

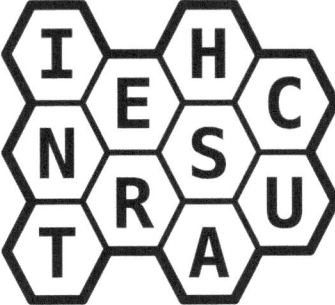

5.

6.

7.

8.

52. Lücken-Füller

4 % 7
& 3 =

Setzen Sie die vorgegebenen Zahlen in die offenen Stellen ein, damit die Gleichung stimmt. Es gilt die Punkt-vor-Strich-Rechnung.

1. **Fügen Sie 18, 14, 7, 1, 10 ein:**

   (__ * __) + (__ / __) + __ = 269

2. **Fügen Sie 12, 15, 1, 6 ein:**

   (__ + __ / __ * __) = 102

3. **Fügen Sie 9, 15, 18, 17, 10 ein:**

   (__ / (__ - __)) * __ * __ = -510

4. **Fügen Sie 12, 15, 1, 4, 8 ein:**

   __ + ((__ / __ * __) * __) = 492

5. **Fügen Sie 16, 5, 15, 11, 12 ein:**

   (__ / __) * __ / (__ - __) = -48

6. **Fügen Sie 19, 14, 2, 4 ein:**

   (__ - __ / __) * __ = 259

7.   **Fügen Sie 4, 8, 16, 10, 13 ein:**

$$\_\_ - (\_\_ * \_\_) * (\_\_ / \_\_) = -67$$

8.   **Fügen Sie 19, 2, 14, 9, 8 ein:**

$$\_\_ / \_\_ * (\_\_ * \_\_) + \_\_ = 1205$$

53. Fehlende Operatoren

Welche Operatoren (+, -, *, /) fehlen zwischen den Zahlen, damit die Rechnung stimmt? Es gilt die Punkt-vor-Strich-Rechnung.

1.   **(9 __ 25 __ (31 __ 44)) = -29**

2.   **29 __ ((26 __ 2) __ 11) = 31**

3.   **(29 __ 11) __ 2 __ 33 = -48**

4.   **(5 __ 19 __ 30 __ 19) = 46**

5.   **(21 __ 45 __ 4 __ 27) = 84**

6.   **16 __ (18 __ 11) __ 1 __ 2 = 10**

7.   **(1 __ 20 __ 7 __ (5 __ 3)) = 156**

8.   **19 __ (13 __ (4 __ 15)) __ 18 = -36**

9.   **((12 __ (2 __ 13)) __ 13 __ 8) = 175**

10.   **(15 __ (14 __ 3) __ 6) __ 13 = 77**

11.   **(2 __ 15) __ (11 __ 15) __ 10 = 62**

12.   **(12 __ (12 __ 13 __ 17) __ 2) = 20**

13.   **(((3 __ 4) __ 15) __ 15) __ 20 = 175**

14.   **(2 __ (17 __ 7 __ 20)) __ 20 = 3**

15.   **16 __ 20 __ (3 __ 7) __ 14 = -66**

16.   **(10 __ (15 __ 6 __ 11) __ 14) = 47**

54. Wort-Muster

Suchen Sie für jedes Muster deutsche Worte, die passen. Für den Platzhalter "_" kann jeder andere Buchstabe eingesetzt werden. Für die meisten Muster gibt es mehr Lösungen als Sie denken. Können Sie für jedes Muster drei Beispiele finden?

1. **A U S _ E _ _ E R**   2. **H A U S _ _ _ T E**

3. **_ O _ _ E T T E N**   4. **_ _ H _ U _ G E N**

5. **_ _ _ T E R I _**

55. Wort-Puzzle

Können Sie das Wort wieder zusammensetzen, das hier durcheinander geraten ist? Alle Buchstaben sind als Großbuchstaben geschrieben.

1. e Mafte N sti als

2. ug g Mfl Blind E

3. eis sli mit F Pre

4. str ufor n L its

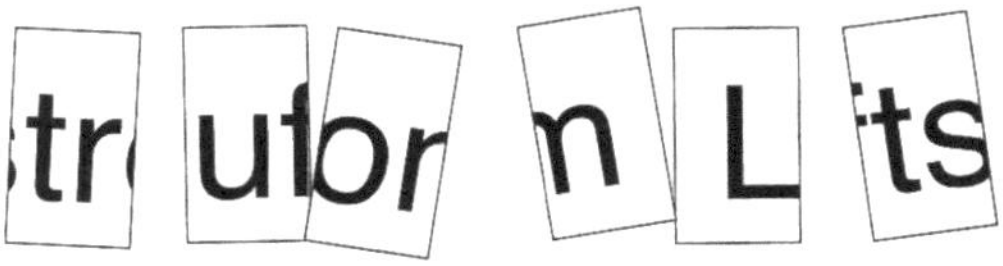

5. ei ele K Kupl pe

6.

7.

8.

9.

10.

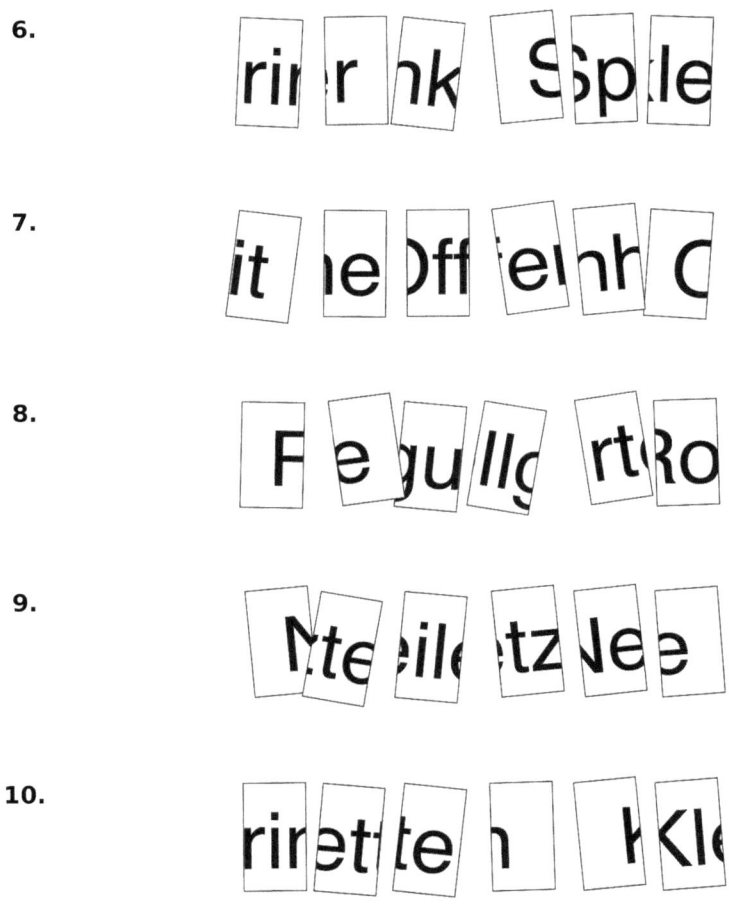

56.　Ziffern-Platzhalter

Ersetzen Sie in der Rechnung die fehlenden Ziffern für die Buchstaben. Ein Buchstabe steht immer für die gleiche Ziffer. Alle vorkommenden Ziffern sind durch den gleichen Buchstaben ersetzt. Beachten Sie die Punkt-vor-Strich-Rechnung.

1. $1c84 - 18a1 + 138b = 778$

2. $a220 - 878 + 17cb = 4098$

3. $2676 - 7b74 + 6527 = c82a$

4. $a226 - 78c - 8869 = -8b28$

5. $b090 + 4099 + 4279 = 94ac$

6. $a02 - 5b4 + 540 = 4c$

7. $63a / 21 + 1c6 + 316 = b42$

8. $95 + b8a - 3 = 3c3$

9. $66a - 226 + 2c5 = b22$

10. $52 - 33a + cb3 = 424$

11. $55b - a76 - 6c9 = -954$

12. $$c99 + 919 + a9 = 160b$$

13. $$35 + 117 + c4 = a4b$$

14. $$823 + a32 - 448 = c30b$$

15. $$1a1 - c51 + 22b = -421$$

16. $$1c + a310 + ba89 = 991a$$

17. $$1112 + 50ac + 2b52 = ac53$$

57. Doppel-Wort-Bedeutung

Suchen Sie Wörter, die an das erste Teilwort angehängt und dem zweiten Wort vorangestellt werden können. Die Striche zeigen, wie viele Buchstaben fehlen. Neben der Musterlösung können Sie weitere passende Worte finden.

1. **MENGENL** _ _ _ _ **NTAFEL**

2. **RUHEGE** _ _ _ _ **ELEINE**

3. **WAGEN** _ _ _ _ _ **EHAUT**

4. **FLUG** _ _ _ _ **RTAINER**

5. **ERREGER** _ _ _ _ _ **SILBE**

6.   **TETRA** _ _ _ _ **TIERE**

7.   **SACH** _ _ _ _ _ **SABGABEN**

8.   **IMPF** _ _ _ _ **ANTINNEN**

9.   **JAGD** _ _ _ _ _ _ **VIERTEL**

10.   **LANDUNGS** _ _ _ _ _ **RSTAHL**

11.   **FAHR** _ _ _ _ **RONOMIE**

12.   **WORT** _ _ _ _ _ _ **NFETZEN**

13.   **SCHR** _ _ _ _ _ **GESPANN**

14.   **DUNSTSCH** _ _ _ _ _ **KASTEN**

15.   **UNKENR** _ _ _ _ **EROSION**

58. Mathe-Puzzle

Legen Sie die Teile der Rechnung korrekt zusammen. Alle Puzzleteile kommen in der Lösung vor.
Wie lautet das Ergebnis der Rechnung? Beachten Sie dabei ebenfalls die Punkt-vor-Strich-Rechnung.

1. $5\ 9\ 7 + 6\ 9 * 7\ 7$

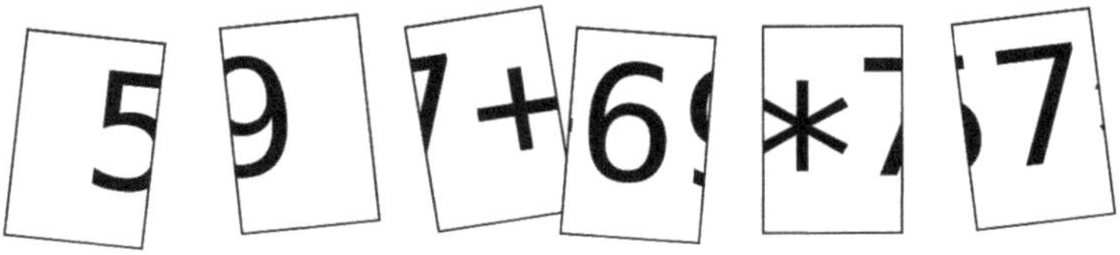

2. $* 4\ 7\ 4 - 0\ 3\ 4$

3. $8 * 0\ 3\ 3 + 6$

4. $2\ 3\ 2 - 5 / 2\ 0$

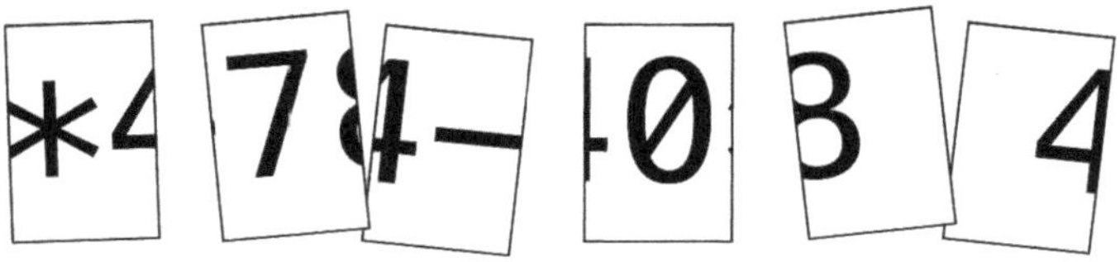

5.

6.

7.

8.

9.

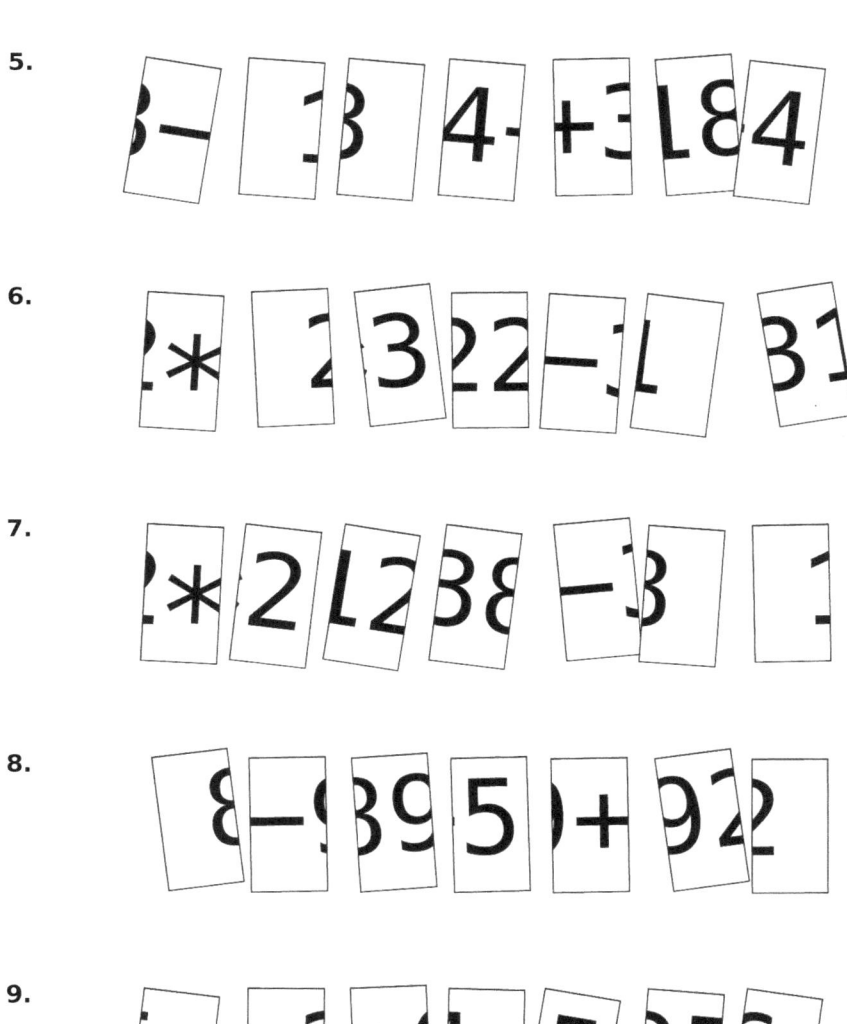

10.

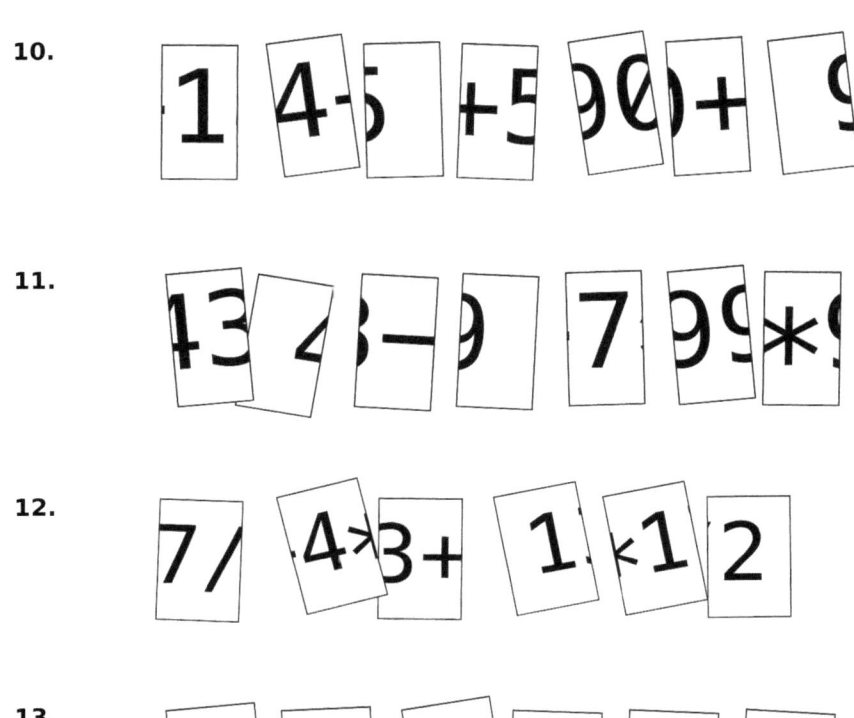

11.

12.

13.

59. Matrix-Rechnen

4 % 7
& 3 =

In der Matrix stehen Gleichungen in den Spalten und Zeilen.
Einigen Operanden fehlen einzelne Ziffern. Können Sie die leeren
Stellen korrekt ausfüllen, damit die Rechnung stimmt?

1.

_ _ _	+	1 0 3	=	_ _ 2
+		+		+
1 _	+	7 _	=	8 _
+		+		+
_ _ 0	+	_ 0 4	=	_ 2 4
+		+		+
1 8	+	9 _	=	_ _ 4
=		=		=
2 9 5	+	3 _ 4	=	_ 6 _

2.

1__	+	__	=	_98
+		+		+
__5	+	_35	=	_0_
+		+		+
151	+	79	=	23_
+		+		+
199	+	2_	=	221
=		=		=
___	+	329	=	94_

3.

186	+	1_	=	__5
+		+		+
7_	+	_47	=	2_5
+		+		+
_0	+	111	=	_2_
=		=		=
27_	+	___	=	55_

4.

$$\_\_0 + 1\_ = \_2\_$$
$$+ \qquad + \qquad +$$
$$\_\_5 + 170 = 2\_5$$
$$+ \qquad + \qquad +$$
$$\_\_\_ + 82 = 240$$
$$= \qquad = \qquad =$$
$$39\_ + 2\_7 = 66\_$$

5.

$$\_63 + 1\_4 = \_7\_$$
$$+ \qquad + \qquad +$$
$$\_71 + 11\_ = 287$$
$$+ \qquad + \qquad +$$
$$1\_7 + 1\_\_ = \_7\_$$
$$= \qquad = \qquad =$$
$$5\_1 + \_23 = \_\_\_$$

6.

```
1 _ _   +     5 5   =    _ 0 5
  +            +            +
_ 3 3   +     _ _   =    1 _ 3
  +            +            +
  _ _   +     6 _   =    _ _ 6
  =            =            =
_ 6 _   +   1 _ 4   =    _ 1 4
```

7.

```
- _ _ 0  +    _ _   =    - 7 1
    +          +            +
  _ 1    +    9 0   =    _ 8 _
    +          +            +
  _ _    +   - 1 _  =      _ _
    =          =            =
  4 2    +    _ 0 _ =      _ _ 3
```

8.

$$-\_\_ \ + \ -\_9 \ = \ -\_55$$
$$+ \qquad\qquad + \qquad\qquad +$$
$$-9\_ \ + \ -\_6 \ = \ -190$$
$$+ \qquad\qquad + \qquad\qquad +$$
$$\_ \ + \ -\_\_ \ = \ -\_\_$$
$$= \qquad\qquad = \qquad\qquad =$$
$$-\_8\_ \ + \ -\_99 \ = \ -\_\_7$$

60. Überflüssige Ziffern

```
4 % 7
& 3 =
```

Entfernen Sie jeweils drei Ziffern auf der linken Seite der
Gleichung, damit die Rechnung stimmt. Beachten Sie die Punkt-
vor-Strich-Rechnung. Ein Operand kann nicht komplett entfernt
werden, sondern es muss jeweils eine Ziffer bleiben.

1. $$37 + 2987 + 93 = 228$$

2. $$2080 + 6416 + 842 = 1688$$

3. $$2874 + 8123 + 550 = 2237$$

4. $$498 + 660 + 51337 = 1691$$

5. $$622 + 342 + 2845 = 899$$

6. $$1216 + 823 + 8201 = 1769$$

7. $28 * 1674 + 639 = 431$

8. $43 - 21 + 36 + 15 * 07 = 149$

9. $26 / 2 + 74093 = 56$

10. $9434 + 11 + 32 + 304 * 9 = 393$

11. $14 * 3 + 346 - 2428 + 35 = 91$

12. $2503 * 217 + 15 = 636$

13. $34278 + 41 + 47 = 122$

14. $47 - 29 - 34689 = -18$

15. $213 - 2749 * 28 = -651$

Lösungen: Einfache Aufgaben

1. Wort-Puzzle

1.	Erfinder	2.	Portrait
3.	Schleife	4.	Torwart
5.	Krokodile	6.	Protokoll
7.	Einheiten	8.	Zivilsenat
9.	Intervall		

2. Fehlende Operatoren

1.	5 * 3 + 11 = 26	2.	7 * (19 - 1) = 126
3.	19 * 5 - 12 = 83	4.	7 * 4 - 7 + 2 = 23
5.	(9 - 1) * 5 - 2 = 38	6.	10 / 8 * 20 = 25
7.	6 / 3 + (10 * 4) = 42	8.	2 - 3 + 1 - 8 = -8
9.	7 * (3 * (1 + 3)) = 84	10.	(3+2-9)+6 = 2
11.	(2 + 4 * (4 + 2)) = 26	12.	(4 + 8) - 6 - 10 = -4
13.	((8 * 3) - 3) + 9 = 30	14.	6 - 9 + 2 * 4 = 5
15.	(1 - 1) - 2 * 4 = -8	16.	1 + 7 * (4 + 9) = 92
17.	(10 * 9 / 3) - 5 = 25	18.	(6 - 3) * (10 + 7) = 51
19.	(7 + 1) - (3 * 5) = -7	20.	(3 + 6) + (9 * 3) = 36
21.	5 * (4 * (3 + 5)) = 160	22.	(10 + 5 * 6) + 3 = 43

3. Wort-Salat

1.	R _ O T _ _ _ _ _ J _ _ A G E N	2.	E N _ T E N _ _ _ _ _ _ _ F _ _ _ E H L E R	3.	_ D _ A M _ M _ T _ I _ _ E _ R
4.	_ F _ O _ R _ _ M Z _ E _ L _ T E _	5.	K _ _ _ E L C _ H _ L I F _ _ _ T _	6.	T _ O _ N _ N E _ S _ E _ E _ _
7.	B _ _ A N _ _ _ D E _ Q U _ _ O T E _ _	8.	W E _ _ D E L _ _ _ _ _ _ P I _ _ _ L L E N	9.	W A _ A G _ E _ _ _ _ P _ _ O _ S T

10.	_ R A D _ I _ O _ _ D _ _ _ R _ E _ S S	11.	_ W _ I N _ _ D E _ A _ R _ _ O M _ _ A	12.	_ _ I _ _ M _ K E R K A _ R T _ E _ _ _

4. Formen finden

1.	Es verbergen sich 13 Rechtecke.	2.	Es verbergen sich 10 Rechtecke.
3.	Es verbergen sich 7 Dreiecke.	4.	Es verbergen sich 11 Dreiecke.
5.	Es verbergen sich 11 Rechtecke.		

5. Zahlenreihe

1.	12 16 15 19 18 22 21 25 24 28 27 Veränderung: + 4, - 1	2.	2 -6 0 -8 -2 -10 -4 -12 -6 -14 -8 Veränderung: - 8, + 6
3.	6 9 14 -56 -53 -48 192 195 200 -800 -797 Veränderung: + 3, + 5, * -4	4.	4 -1 -7 -14 -19 -25 -50 -55 -61 -122 -127 Veränderung: - 5, - 6, * 2
5.	6 9 14 -56 -53 -48 192 195 200 -800 -797 Veränderung: + 3, + 5, * -4	6.	4 12 24 48 56 112 224 232 464 928 936 Veränderung: + 8, * 2, * 2
7.	5 15 -45 -50 -150 450 445 1335 -4005 -4010 -12030 Veränderung: * 3, * -3, - 5	8.	6 13 7 42 49 43 258 265 259 1554 1561 Veränderung: + 7, - 6, * 6
9.	6 14 20 -40 -32 -26 -26 52 60 66 -132 -124 Veränderung: + 8, + 6, * -2	10.	6 13 22 66 73 82 246 253 262 786 793 Veränderung: + 7, + 9, * 3

6. Zahlenreihe mit römischen Zahlen

1.	X VIII IX VII VIII VI VII V VI IV V Veränderung: - 2, + 1	2.	X XIII XII XV XIV XVII XVI XIX XVIII XXI XX Veränderung: + 3, - 1
3.	VII XVI IX XVIII XI XX XIII XXII XV XXIV XVII Veränderung: + 9, - 7	4.	V XIII XVII XXV XXIX XXXVII XLI XLIX LIII LXI LXV Veränderung: + 8, + 4
5.	I II IV V X XI XXII XXIII XLVI XLVII XCIV Veränderung: + 1, * 2	6.	VIII XII XV VI X XIII IV VIII XI II VI Veränderung: + 4, + 3, - 9
7.	V VIII XIV VI IX XV VII X XVI VIII XI Veränderung: + 3, + 6, - 8	8.	VIII XV XII X XVII XIV XII XIX XVI XIV XXI Veränderung: + 7, - 3, - 2
9.	IX XVIII XX LX LXIX LXXI CCXIII CCXXII CCXXIV DCLXXII DCLXXXI Veränderung: + 9, + 2, * 3	10.	VII XXVIII XXIV XXVI CIV C CII CDVIII CDIV CDVI MDCXXIV Veränderung: * 4, - 4, + 2

7. Stäbchen umlegen (Buchstaben)

1.	V zu K, A zu O, H zu P, C zu F — KOPF	2.	C zu F, G zu A, F zu C, U zu H — FACH
3.	N zu W, O zu A, A zu R, S zu E — WARE	4.	A zu G, P zu E, W zu N, P zu E — GENE
5.	N zu W, H zu U, A zu R, C zu F — WURF	6.	N zu M, A zu O, P zu H, M zu N — MOHN
7.	C zu F, A zu O, A zu R, N zu M — FORM	8.	V zu K, A zu R, H zu U, O zu G — KRUG
9.	F zu C, P zu H, P zu E, C zu F — CHEF	10.	V zu K, H zu U, A zu R, E zu S — KURS

8. Überflüssige Buchstaben

1.	M A _ R K E oder M _ E R K E	2.	_ D O R N _ E
3.	B U _ C _ H U N G	4.	_ K E K _ S E
5.	_ K _ N I E	6.	K _ O P _ I E N
7.	T I _ C K _ E R	8.	F _ U G _ E N
9.	W _ E R _ K E	10.	M A _ T _ S C H
11.	R _ E T _ I N A	12.	I _ R R W E G _
13.	P _ R _ O M I	14.	_ D I N _ G O
15.	_ K _ L _ A N G	16.	_ R _ O S _ E N
17.	B L A _ U _ K R A B B E		

9. Lücken-Füller

Es können mehrere Lösungen vorkommen. Hier ist nur jeweils eine Lösung als Beispiel dargestellt.

1.	14 * 8 + 15 = 127	2.	6 * (8 - 9) = -6
3.	(13 - 15) + 16 = 14	4.	17 * 3 - 7 = 44
5.	(9 + 6) / 4 * 8 = 30	6.	(4 + 3) * 1 / 7 = 1
7.	(6 /(3 * 1) - 5) = -3	8.	(10 + (6 / 3)) * 2 = 24
9.	3 * (18 - 8) / 1 = 30	10.	(10 / (7 - 6)) * 4 = 40

11.	(20 / 4 - 18 * 13) = -229	12.	(8 * 6 - 12) / 2 = 18

10. Zielrechnen

1.	4 * (9 - 5) = 16	2.	(3 + 2 / 2) = 4	3.	7 * (9 - 9) = 0
4.	3 * (8 - 2) = 18	5.	(2 + 10 / 2) = 7	6.	(4 + 5) / 3 = 3
7.	((8 + 8) - 7) = 9	8.	(6 - 9 / 9) = 5	9.	(2 + 9 * 8) = 74
10.	(15 + 1) / 2 = 8	11.	(10 * 11 - 19) = 91	12.	(8 + 16 / 2) = 16
13.	(16 * 18 - 12) = 276	14.	9 * (15 + 5) = 180	15.	5 + 6 / (7 - 5) = 8
16.	(6 * 6 - (3 + 5)) = 28	17.	3 * 3 * 3 - 4 = 23	18.	3 * (6 * 5 - 2) = 84

11. Zellen entfernen

1.

2	1	⧸	1	4 (3)
9	⧸	5	9	23 (3)
8	1	2	⧸	11 (3)
⧸	7	6	2	15 (3)

19 9 13 12
(3)(3)(3)(3)

2.

⧸	⧸	3	7	10 (2)
8	6	⧸	⧸	14 (2)
⧸	4	⧸	6	10 (2)
3	⧸	1	⧸	4 (2)

11 10 4 13
(2)(2)(2)(2)

3.

5	⧸	3	8	⧸	16 (3)
8	3	⧸	⧸	3	14 (3)
⧸	9	⧸	9	6	24 (3)
9	⧸	1	1	⧸	11 (3)
⧸	6	2	⧸	4	12 (3)

22 18 6 18 13
(3)(3)(3)(3)(3)

4.

5	7	⧸	⧸	3	15 (3)
9	4	2	⧸	⧸	15 (3)
6	9	⧸	5	⧸	20 (3)
⧸	⧸	8	7	9	24 (3)
⧸	⧸	4	8	1	13 (3)

20 20 14 20 13
(3)(3)(3)(3)(3)

5.

⧸	1	5	7	⧸	13 (3)
⧸	4	4	⧸	9	17 (3)
8	⧸	⧸	2	9	19 (3)
5	⧸	⧸	2	3	10 (3)
8	1	2	⧸	⧸	11 (3)

21 6 11 11 21
(3)(3)(3)(3)(3)

6.

⧸	1	⧸	4	1	6 (3)
9	⧸	1	⧸	1	11 (3)
5	3	7	⧸	⧸	15 (3)
1	6	⧸	5	⧸	12 (3)
⧸	⧸	7	8	5	20 (3)

15 10 15 17 7
(3)(3)(3)(3)(3)

7.

~~9~~	8	8	~~3~~	4	20 (3)
~~9~~	1	~~4~~	8	3	12 (3)
5	~~2~~	8	3	~~7~~	16 (3)
8	~~3~~	7	1	~~9~~	16 (3)
8	6	~~6~~	~~7~~	8	22 (3)
21	15	23	12	15	
(3)	(3)	(3)	(3)	(3)	

8.

2	2	~~6~~	~~3~~	4	8 (3)
~~4~~	~~3~~	8	4	5	17 (3)
7	5	~~5~~	6	~~6~~	18 (3)
8	~~1~~	3	~~8~~	1	12 (3)
~~7~~	9	3	5	~~6~~	17 (3)
17	16	14	15	10	
(3)	(3)	(3)	(3)	(3)	

9.

4	4	~~8~~	~~6~~	7	15 (3)
6	~~1~~	1	9	~~7~~	16 (3)
~~2~~	~~1~~	8	2	8	18 (3)
9	7	~~2~~	~~1~~	7	23 (3)
~~8~~	5	9	7	~~9~~	21 (3)
19	16	18	18	22	
(3)	(3)	(3)	(3)	(3)	

12. Wort-Schlange

1. Ergebnis: Kanzler	**2.** Ergebnis: Freunde	**3.** Ergebnis: Sitzung
4. Ergebnis: Placebo	**5.** Ergebnis: Monster	**6.** Ergebnis: Auslauf
7. Ergebnis: Verbund	**8.** Ergebnis: Ansporn	**9.** Ergebnis: Casting

10.	Ergebnis: PFLANZE	11.	Ergebnis: SKIZZEN	12.	Ergebnis: GEDICHT

13. Rechen-Schlange

1.	Ergebnis: 4*4+7*1	2.	Ergebnis: 11+12-9	3.	Ergebnis: 5*8+3-5

4.	Ergebnis: 15+19*3	5.	Ergebnis: 4-2*9*4	6.	Ergebnis: 8*2*6+2

7.	Ergebnis: 1*3-2-9	8.	Ergebnis: 10-6-10	9.	Ergebnis: 2*1*8+5

14. Wort-Muster

1.	K R A _ _ E _: KRA<u>BBE</u>N, KRA<u>CHE</u>N, KRA<u>CHER</u>, KRA<u>LLE</u>N, KRA<u>MPE</u>N, KRA<u>NKE</u>N, KRA<u>PFE</u>N, KRA<u>TZE</u>N, KRA<u>TZER</u>, KRA<u>USE</u>N
2.	_ _ _ S C H E: <u>BAR</u>SCHE, <u>BRO</u>SCHE, <u>BUR</u>SCHE, <u>DAT</u>SCHE, <u>DOR</u>SCHE, <u>FLA</u>SCHE, <u>FRÖ</u>SCHE, <u>HIR</u>SCHE, <u>KUT</u>SCHE, <u>LAT</u>SCHE, <u>MAI</u>SCHE, <u>RAT</u>SCHE, <u>RUT</u>SCHE, <u>WÜN</u>SCHE
3.	_ _ _ R U N G: <u>BOH</u>RUNG, <u>FÜH</u>RUNG, <u>GEH</u>RUNG, <u>KLÄ</u>RUNG, <u>MEH</u>RUNG, <u>NAH</u>RUNG, <u>QUE</u>RUNG, <u>STÖ</u>RUNG, <u>WIR</u>RUNG, <u>WÄH</u>RUNG
4.	S _ H E _ _ E: S<u>CHEI</u>BE, S<u>CHEI</u>DE, S<u>CHEI</u>NE, S<u>CHE</u>LLE, S<u>CHE</u>LME, S<u>CHE</u>LTE, S<u>CHER</u>BE, S<u>CHER</u>ZE
5.	_ _ _ C H E R: <u>FIS</u>CHER, <u>HOR</u>CHER, <u>KES</u>CHER, <u>KRA</u>CHER, <u>LÖS</u>CHER, <u>MIS</u>CHER, <u>RIE</u>CHER, <u>TAU</u>CHER, <u>TÜN</u>CHER, <u>VIE</u>CHER, <u>WIS</u>CHER, <u>WÄS</u>CHER
6.	Z W I _ _ E _: ZWI<u>CKE</u>L, ZWI<u>CKE</u>N, ZWI<u>CKER</u>, ZWI<u>EBE</u>L, ZWI<u>LLE</u>N, ZWI<u>NGE</u>N, ZWI<u>NGER</u>, ZWI<u>RNER</u>, ZWI<u>TTER</u>
7.	_ _ A _ T E R: <u>ADA</u>PTER, <u>BEA</u>MTER, <u>KLA</u>FTER, <u>PLA</u>TTER, <u>PSA</u>LTER, <u>SPA</u>LTER, <u>STA</u>RTER, <u>TOA</u>STER
8.	_ R E M _ E _: <u>BRE</u>MSEN, <u>BRE</u>MSER, <u>FRE</u>MDEN, <u>FRE</u>MDER, <u>GRE</u>MIEN, <u>KRE</u>MPEL, <u>KRE</u>MPEN
9.	S _ _ _ Z E N: S<u>KIZ</u>ZEN, S<u>PAT</u>ZEN, S<u>PEL</u>ZEN, S<u>PIT</u>ZEN, S<u>TAN</u>ZEN, S<u>TEL</u>ZEN, S<u>TUT</u>ZEN, S<u>TÜR</u>ZEN, S<u>TÜT</u>ZEN
10.	_ _ S C H E _: <u>BÜS</u>CHEL, <u>DUS</u>CHEN, <u>FIS</u>CHER, <u>LAS</u>CHEN, <u>LÖS</u>CHER, <u>MUS</u>CHEL, <u>NIS</u>CHEN, <u>RÖS</u>CHEN, <u>TAS</u>CHEN, <u>WIS</u>CHER, <u>ZIS</u>CHEN

15. Mathe-Puzzle

1.	Ergebnis: 124 $17*8-12$	2.	Ergebnis: 32 $3*14-10$	3.	Ergebnis: 7 $16-14+5$
4.	Ergebnis: -249 $6-17*15$	5.	Ergebnis: 44 $20+20+4$	6.	Ergebnis: 117 $7*14+19$
7.	Ergebnis: 281 $20*14+1$	8.	Ergebnis: -8 $9-6-4-7$	9.	Ergebnis: 30 $6*4*1+6$
10.	Ergebnis: 110 $14+12*8$	11.	Ergebnis: -46 $10-14*4$	12.	Ergebnis: 49 $2*7+5*7$

16. Wort-Salat

1.	__B_LOCK NEI_D___	2.	_B__AUM L_OT___	3.	A_S_T__ _N_E_ON	4.	M_OR_D__ _Z_A_HN
5.	_U__R_AN R_UH_E__	6.	KL_E_I_D__ _S_P_A_LT	7.	_HOR___DE H__ELD_	8.	_L_EHN_E L_A__TZ_
9.	_S_I__EB VA_T_ER_	10.	E___N_GEL _ZOF_F__	11.	M_E_TE__R _LI_T__ER_	12.	_C_H_AO_S_ G_R_U__F_T

17. Stäbchen umlegen (Zahlen)

1.	$-5-1=-6$	2.	$8-3=5$
3.	$-9+8=-1$	4.	$3 \times -3 = -9$
5.	$8-6=2$	6.	$-6 \times -2 = 12$
7.	$3-2-9=-8$	8.	$7 \times 9 - 3 = 60$
9.	$-6-4=-10$	10.	$-5+9=4$

18. Wort-Wirrwarr

1.	DAMM	2.	ELFE	3.	PUNK	4.	BLOG
5.	KOST	6.	NAPF	7.	GIER	8.	BETT
9.	MUND	10.	BANN	11.	WEIB	12.	FUNKEN

19. Rechnen mit römischen Zahlen

1.	IX + XII = XXI	2.	X + VI = XVI
3.	XIII + IX = XXII	4.	VIII / IV = II
5.	XV + XIX = XXXIV	6.	XVI * V = LXXX
7.	X + XVIII - XIX = IX	8.	XV + (IX + X) = XXXIV
9.	(XIX + IV * XI) = LXIII	10.	(XVIII - XIV) * VII = XXVIII
11.	X * XVI = CLX	12.	VII * XIX = CXXXIII
13.	(XII + IX) + V = XXVI	14.	I + XVI - IX = VIII

20. Überflüssige Ziffern

1.	_25 + _2 = 27	2.	3 - _8 = -5	3.	4_9 - 14_ = 35
4.	_6 * 18 = 108	5.	25 + 2_0_ = 45	6.	3 * 5_0 = 150
7.	9 + 3_3 = 42	8.	_11 * 3_ = 33	9.	10_ - 7 = 3
10.	3 * 1_4 = 42	11.	9 + _6 * 3_7 = 231	12.	15 * 3_3_ - 4 = 491
13.	3 * _28_ = 84	14.	2_4 + 17 = 41	15.	11_ * 4_7 = 517

21. Doppel-Wort-Bedeutung

1.	STINK-TIER TIER-REICH	2.	TAGE-DIEB DIEB-STAHL	3.	PORT-WEIN WEIN-STEIN
4.	WAREN-HAUS HAUS-TIEREN	5.	SONNEN-SEGEL SEGEL-BOOT	6.	FALLS-TRICK TRICK-SEREI
7.	BRETT-MITTE MITTE-LKURS	8.	ROGGEN-STROH STROH-SACK	9.	SAUER-TEIG TEIG-WAREN
10.	SCHNEIDE-BRETT BRETT-SPIELE	11.	HALO-GEN GEN-ERALSTREIK	12.	AUSGANGS-TEXT TEXT-ILBRANCHE
13.	WELT-STAR STAR-TPROZEDUR	14.	RETTUNGS-PLAN PLAN-TAGE	15.	FLAMMEN-MEER MEER-SICHT

22. Ziffern-Platzhalter

1.	82 + 142 = 224 Ersetzungen: a=8, b=4	2.	27 + 39 = 66 Ersetzungen: a=9, b=6	3.	7 + 44 = 51 Ersetzungen: a=4, b=1
4.	72 + 24 = 96 Ersetzungen: a=2, b=9	5.	14 + 31 = 45 Ersetzungen: a=4, b=5	6.	15 + 85 = 100 Ersetzungen: a=0, b=1
7.	58 + 39 = 97 Ersetzungen: a=7, b=9	8.	15 + 41 = 56 Ersetzungen: a=1, b=5	9.	44 + 37 = 81 Ersetzungen: a=1, b=4
10.	84 + 68 = 152 Ersetzungen: a=1, b=8	11.	85 + 58 = 143 Ersetzungen: a=4, b=5	12.	68 + 60 = 128 Ersetzungen: a=6, b=0

23. Matrix-Rechnen

1.	$$\begin{array}{ccccc} 4\underline{1} & + & \underline{4} & = & 4\underline{5} \\ + & & + & & + \\ 44 & + & \underline{7}3 & = & 11\underline{7} \\ = & & = & & = \\ 85 & + & \underline{7}7 & = & 162 \end{array}$$	2.	$$\begin{array}{ccccc} 8\underline{1} & + & 77 & = & 1\underline{5}8 \\ + & & + & & + \\ 1\underline{9} & + & 6\underline{2} & = & 81 \\ = & & = & & = \\ 100 & + & 13\underline{9} & = & 2\underline{3}9 \end{array}$$

3.				4.			
84 +	95 =	179			9 +	72 =	81
+	+	+			+	+	+
57 +	9 =	66			95 +	88 =	183
=	=	=			=	=	=
141 +	104 =	245			104 +	160 =	264
5.				**6.**			
46 +	64 =	110			49 +	15 =	64
+	+	+			+	+	+
147 +	13 =	160			111 +	80 =	191
=	=	=			=	=	=
193 +	77 =	270			160 +	95 =	255
7.				**8.**			
483 +	305 =	788			22 +	60 =	82
+	+	+			+	+	+
37 +	231 =	268			170 +	237 =	407
=	=	=			=	=	=
520 +	536 =	1056			192 +	297 =	489
9.				**10.**			
399 +	205 =	604			496 +	90 =	586
+	+	+			+	+	+
461 +	192 =	653			49 +	310 =	359
=	=	=			=	=	=
860 +	397 =	1257			545 +	400 =	945

Lösungen: Mittelschwere Aufgaben

24. Mathe-Puzzle

1. Ergebnis: 564	2. Ergebnis: 164	3. Ergebnis: 105
3+11*3*17	14*12-4	6*15+15
4. Ergebnis: 4	**5. Ergebnis: 736**	**6. Ergebnis: -101**
15+8-19	16*2*23	34-5*27

25. Wort-Salat

1. _A_TM_EN_	2. ___PL_AN	3. R_UDER___
K_I_N_D	STAU_B__	_F___LYER
4. E_V_EN_T_	**5. A__KTE_**	**6. _F_E_I_E_R**
_I_N_F_OS	_GRI__PS	D_E_K_O_R_
7. R_E_I_ME_	**8. _CH_A_NC__E**	**9. F_A_R_BEN_**
_PO_MM_E_S	S_C_H_USS_	LA_P_TO__P

10.	___M_OTIV BRANC_HE___	11.	B_I_RNE_N___ _F_E___L_SEN	12.	_Z_UFA_H__RT KO_J___OT_EN_

26. Rechen-Schlange

1.	5*1+3+10*9=98	2.	6*9+10-2-4=58	3.	9*1-10+7*9=62	4.	3/6*10+3+4=12
5.	4*10*7+6*3=298	6.	9*1-10*7+8=-53	7.	12-15-3*15=-48	8.	12*13+9*11=255
9.	19*1-13*12=-137	10.	19-18-3*19=-56	11.	9+6*8*10=489	12.	5-10/5-4=-1

27. Wort-Puzzle

1.	Kuppelei	2.	Turniere
3.	Brotzeit	4.	Festpunkt
5.	Zusetzen	6.	Farblack
7.	Meteorite	8.	Hilfssatz
9.	Salzkraut	10.	Gerbstoff
11.	Inhaberin	12.	Blinklicht
13.	Terrarien		

28. Zielrechnen

1.	(3 * (6 + 6) - 5) = 31	2.	(5 + 8 * (8 - 1)) = 61	3.	7 * (1 + 9 / 3) = 28		
4.	13 * (11 + 15 / 5) = 182	5.	8 * (15 - 13 / 13) = 112	6.	(13 * (5 + 4) - 2) = 115		
7.	11 * (15 + 8 / 8) = 176	8.	(5 * (13 + 7) - 12) = 88	9.	(12 * (6 + 9) - 8) = 172		
10.	(10 * (3 + 15) - 8) = 172	11.	6 * (5 * 5 - 3) = 132	12.	(19 * (9 - 5) - 12) = 64		

29. Überflüssige Buchstaben

1.	E_NTE_N_JAGDEN	2.	_P_A_ROD_IE	3.	ZU_FL_U_SSROHR
4.	KN_U_BBELNASE_N	5.	KAMPFH_AND_LUN_G	6.	_HA_LS_KETT_E
7.	_SPAN_NU_NGSF_ELD	8.	EI_G_EN_T_UM	9.	BLI_N_DEKU_H
10.	BE_SITZ_TITE_L	11.	W_ILDP_ARK_S	12.	E_X_ODU_S
13.	OB_ERL_ICH_T	14.	PAP_IER_LOCHE_R	15.	W_ID_ER_SACHER
16.	VERBAN_DSZ_E_UG	17.	_WEG_GE_NOS_SE		

30. Matrix-Rechnen

1.	507 + 681 = 1188 + + + 312 + 486 = 798 = = = 819 + 1167 = 1986	2.	824 + 647 = 1471 + + + 465 + 506 = 971 = = = 1289 + 1153 = 2442
3.	132 + 705 = 837 + + + 553 + 345 = 898 = = = 685 + 1050 = 1735	4.	26 + 968 = 994 + + + 76 + 677 = 753 = = = 102 + 1645 = 1747
5.	104 + 801 = 905 + + + 729 + 222 = 951 = = = 833 + 1023 = 1856	6.	997 + 997 = 1994 + + + 47 + 821 = 868 = = = 1044 + 1818 = 2862
7.	988 + 273 = 1261 + + + 945 + 312 = 1257 = = = 1933 + 585 = 2518	8.	590 + 593 = 1183 + + + 614 + 628 = 1242 = = = 1204 + 1221 = 2425

31. Rechnen mit römischen Zahlen

1.	(XIX - XIX + XII) = XII	2.	XI + XIV + XII = XXXVII
3.	XIX + XIII + XI = XLIII	4.	VII + XV - XIX = III
5.	(XV * XIII) - IV = CXCI	6.	X * IV + XII = LII
7.	(IV * XVII / I) - X = LVIII	8.	(XV + III) * V = XC
9.	(XX * IV + VII) = LXXXVII	10.	(IX + II) - XV + VII = III
11.	VI * VI * III = CVIII	12.	XI * XVII - VII = CLXXX

32. Lücken-Füller

Es können mehrere Lösungen vorkommen. Hier ist nur jeweils eine Lösung als Beispiel dargestellt.

1.	7 - 18 * 19 = -335	2.	(18 * 3) - 6 = 48
3.	(11 - 20 / 2) * 18 = 18	4.	(4 + 10) / 14 * 6 = 6
5.	9 * 19 / 3 + 8 = 65	6.	16 * (11 - (19 / 1)) = -128
7.	3 - (20 / 12 * 15) = -22	8.	(16 * 4 / 2) + 13 = 45
9.	(20 / 1 + 6) * 14 = 364		

33. Wort-Muster

1.	Beispiele für S C H _ P _ E _: SCHIPPEL, SCHIPPEN, SCHIPPER, SCHOPFEN, SCHOPPEN, SCHUPFEN, SCHUPPEN, SCHÖPFER
2.	Beispiele für M _ _ _ C H E N: MAISCHEN, MARSCHEN, MENSCHEN, MÄNNCHEN, MÄTZCHEN, MÄUSCHEN, MÖHRCHEN
3.	Beispiele für S C H _ I _ _ E N: SCHLIEREN, SCHLINGEN, SCHLITTEN, SCHMIEDEN, SCHMIEGEN, SCHNIPSEN, SCHRIFTEN, SCHRIPPEN, SCHWIMMEN, SCHWINDEN, SCHWINGEN
4.	Beispiele für _ _ T I _ N E N: AKTIONEN, BOTINNEN, ESTINNEN, GOTINNEN, KATIONEN, MOTIONEN, NATIONEN, OPTIONEN, PATINNEN, RATIONEN
5.	Beispiele für S T _ _ _ _ E N: STAMPFEN, STATOREN, STATUTEN, STAUSEEN, STOLONEN, STRAHLEN, STRASSEN, STRECKEN, STREIFEN, STRIEMEN, STROPHEN, STROSSEN, STRÄHNEN, STYLITEN, STÄBCHEN

34. Zellen entfernen

1.

3	9	~~4~~	~~1~~	8	20 (3)
~~5~~	7	8	8	~~2~~	23 (3)
~~8~~	1	9	7	6	23 (4)
2	~~8~~	2	7	4	15 (4)
3	4	~~1~~	9	~~3~~	16 (3)

8 21 19 31 18
(3)(4)(3)(4)(3)

2.

8	~~6~~	5	~~6~~	6	19 (3)
7	9	~~6~~	2	~~8~~	18 (3)
~~1~~	3	9	6	4	22 (4)
6	7	~~1~~	9	4	26 (4)
2	~~9~~	1	3	~~4~~	6 (3)

23 19 15 20 14
(4)(3)(3)(4)(3)

3.

~~8~~	5	5	9	4	23 (4)
~~1~~	6	6	9	~~2~~	21 (3)
1	~~8~~	4	7	8	20 (4)
5	7	~~3~~	6	~~1~~	18 (3)
8	6	~~1~~	~~3~~	9	23 (3)

14 24 15 31 21
(3)(4)(3)(4)(3)

4.

6	6	1	~~4~~	2	15 (4)
~~1~~	~~8~~	3	1	6	10 (3)
~~1~~	5	6	9	~~1~~	20 (3)
4	6	~~2~~	~~1~~	4	14 (3)
3	~~1~~	5	5	8	21 (4)

13 17 15 15 20
(3)(3)(4)(3)(4)

5.

7	7	~~1~~	8	~~5~~	22 (3)
9	3	~~8~~	~~4~~	8	20 (3)
~~2~~	9	8	3	6	26 (4)
~~9~~	~~4~~	6	7	2	15 (3)
3	5	3	7	~~5~~	18 (4)

19 24 17 25 16
(3)(4)(3)(4)(3)

6.

2	4	~~8~~	8	~~2~~	7	21 (4)
7	7	~~3~~	3	1	7	25 (5)
9	1	4	5	~~8~~	~~4~~	19 (4)
2	6	~~8~~	~~8~~	5	4	17 (4)
4	~~8~~	8	7	6	6	31 (5)
~~9~~	2	7	5	8	6	28 (5)

24 20 19 28 20 30
(5)(5)(3)(5)(4)(5)

7.

1	8	8	~~1~~	7	2	26 (5)
~~6~~	5	2	6	~~4~~	8	21 (4)
5	~~4~~	4	5	8	3	25 (5)
6	7	~~1~~	9	3	9	34 (5)
8	~~8~~	7	6	9	~~3~~	30 (4)
9	7	~~2~~	~~1~~	9	1	26 (4)

29 27 21 26 36 23
(5)(4)(4)(4)(5)(5)

8.

~~8~~	3	6	4	~~6~~	7	20 (4)
1	3	4	~~8~~	5	7	20 (5)
4	9	~~8~~	1	2	3	19 (5)
8	~~2~~	2	6	5	~~8~~	21 (4)
~~3~~	4	4	7	8	3	26 (5)
~~1~~	4	~~4~~	1	6	8	19 (4)

13 23 16 19 26 28
(3)(5)(4)(5)(5)(5)

9.

~~8~~	5	7	~~2~~	~~6~~	7	19 (3)
1	~~4~~	6	1	8	5	21 (5)
6	4	~~3~~	1	5	1	17 (5)
~~3~~	9	6	9	4	5	33 (5)
5	~~1~~	7	1	5	~~9~~	18 (4)
9	4	4	~~1~~	9	5	31 (5)

21 22 30 12 31 23
(4)(4)(5)(4)(5)(5)

10.

6	9	~~1~~	~~1~~	~~3~~	2	17 (3)
~~4~~	7	1	7	5	~~8~~	20 (4)
~~8~~	4	1	7	1	7	20 (5)
8	5	9	~~1~~	3	4	29 (5)
1	~~8~~	5	6	6	1	19 (5)
7	8	9	5	~~8~~	6	35 (5)

22 33 25 25 15 20
(4)(5)(5)(4)(4)(5)

35. Formen finden

1.	Es verbergen sich 18 Rechtecke.	2.	Es verbergen sich 23 Rechtecke.
3.	Es verbergen sich 29 Rechtecke.	4.	Es verbergen sich 24 Rechtecke.
5.	Es verbergen sich 15 Rechtecke.	6.	Es verbergen sich 22 Rechtecke.

36. Wort-Wirrwarr

1.	TRAMPER	2.	AUSWEG	3.	LEHRER
4.	GESTALT	5.	BALKEN	6.	DOTTER
7.	ARTIKEL	8.	ABSAGE	9.	PORTAL
10.	GEWAND	11.	HEFTER	12.	MODELL
13.	LASTZUG	14.	MANGEL	15.	DAMEN
16.	VORFALL	17.	FICHTE	18.	MERKMAL

37. Fehlende Operatoren

1.	11+(7-3)/4 = 12	2.	7+(17-(9-5)) = 20
3.	7+7*10+9 = 86	4.	(8*10+9*7) = 143
5.	(((10+4)+8)*6) = 132	6.	9*8+(2*9) = 90
7.	4 + 5 - 6 + 3 = 6	8.	6*((9-6)-9) = -36
9.	((9-6*6)-7) = -34	10.	(5-2-(9+5)) = -11
11.	(1+6)*(3+4) = 49	12.	((2*9)/6-9) = -6
13.	2+5-6/6 = 6	14.	(5+((6*7)+2)) = 49
15.	((3-5/5)*6) = 12	16.	1-(2+6*8) = -49
17.	(((2*9)-2)-1) = 15	18.	(7-(2+(8*6))) = -43
19.	(8*5-(6+9)) = 25	20.	6*(6+1+9) = 96
21.	5*3-3+6 = 18	22.	(8*9-6-6) = 60

38. Doppel-Wort-Bedeutung

1.	NEBENTAL-TAL TAL-SCHLUCHT	2.	CRASH-KURS, KURS-ZIEL	3.	SCHAUP-LATZ LATZ-HOSE
4.	GEGEN-WART WART-ELISTEN	5.	UNTER-LEIB LEIB-ESFRUCHT	6.	HOCHGE-NUSS NUSS-SCHALE
7.	SCHLEMMERS-HOP HOP-FENZUPFER	8.	STIFTKON-TAKT TAKT-PERIODEN	9.	HEIMA-TORT TORT-ENHEBER
10.	REIF-ROCK ROCK-BUND	11.	BRANCHEN-BUCH BUCH-STABE	12.	BOMBEN-ANGST ANGST-NEUROSEN
13.	STURM-MASKE MASKE-NSPIELE	14.	FEDER-KLEID KLEID-ERHAKEN	15.	WALLG-RABEN RABEN-VIEH

39. Wort-Schlange

1. Tischler	2. Offizier	3. Birnbaum	4. Empathie
5. Vorhaben	6. Ostalgie	7. Vergeuden	8. Klatschen
9. Mietpreis	10. Abverkauf	11. Teigrolle	12. Meerotter

40. Stäbchen umlegen (Buchstaben)

1. DATEN	2. RAPS	3. ZORN
4. OPER	5. HERD	6. ECHO

41. Ziffern-Platzhalter

1. 82 + 142 = 224 Ersetzungen: a=8, b=4	2. 83 - 804 = -721 Ersetzungen: a=4, b=2	3. 334 + 62 = 396 Ersetzungen: a=9, b=6
4. 232 + 516 = 748 Ersetzungen: a=7, b=2	5. 222 + 587 = 809 Ersetzungen: a=5, b=8	6. 76 - 869 = -793 Ersetzungen: a=7, b=3
7. 148 - 82 = 66 Ersetzungen: a=4, b=1, c=6	8. 235 + 193 = 428 Ersetzungen: a=8, b=3, c=1	9. 216 - 32 = 184 Ersetzungen: a=3, b=6, c=2
10. 101 + 239 = 340 Ersetzungen: a=2, b=3, c=9	11. 95 - 213 = -118 Ersetzungen: a=9, b=3, c=1	

42. Wort-Salat

1.	_WIE_G_E_N RE__G_A_L_	2.	_A_UT_O_ O_R_C_A	3.	_S__I_NN S_EUC_HE__
4.	M_O_D_EL__ _O_R_B_IT	5.	_DE_AL_E_R HA_RF_E_N_	6.	SCH_U_H__E __T_R_END_
7.	KOR_B___ __S_CHEU	8.	B_ES_A_T_Z_ _R_A_D_L_ER	9.	_A__SPE_KT HE_LD__IN_
10.	_MO___PPS K_LUFT__	11.	_M_A_U_ER L_OT_S_E_	12.	_F_A_UN_A FE_I_G_E_

43. Stäbchen umlegen (Zahlen)

1.	Die Ziffer '5' an Position 2 in eine '8' umwandeln. Die Ziffer '8' an Position 8 in eine '2' umwandeln. $-8-4=-12$	2.	Die Ziffer '0' an Position 4 in eine '3' umwandeln. Den Operator ( ) and Position 1 in ein '-' ändern. $-5-3=-8$
3.	Die Ziffer '0' an Position 6 in eine '2' umwandeln. Die Ziffer '9' an Position 4 in eine '8' umwandeln. $-6+8=2$	4.	Den Operator (1) and Position 3 in ein '-' ändern. Den Operator ( ) and Position 6 in ein '-' ändern. $-3-3=-6$
5.	Die Ziffer '5' an Position 4 in eine '9' umwandeln. Den Operator (1) and Position 6 in ein '-' ändern. $-7-9=-16$	6.	Den Operator (*) and Position 6 in ein '-' ändern. Den Operator ( ) and Position 1 in ein '-' ändern. $-5-6=-11$
7.	Die Ziffer '3' an Position 7 in eine '9' umwandeln. Den Operator (1) and Position 1 in ein '-' ändern. $-8-1=-9$	8.	Die Ziffer '7' an Position 7 in eine '1' umwandeln. Die Ziffer '4' an Position 8 in eine '3' umwandeln. $-5-8=-13$
9.	Die Ziffer '5' an Position 4 in eine '8' umwandeln. Die Ziffer '4' an Position 7 in eine '1' umwandeln. $-8-8=-16$	10.	Die Ziffer '0' an Position 7 in eine '2' umwandeln. Den Operator (-) and Position 4 in ein '+' ändern. $9+9+8=26$

11.	Die Ziffer '0' an Position 7 in eine '2' umwandeln. Die Ziffer '3' an Position 3 in eine '9' umwandeln. $7 + 9 + 9 = 25$	12.	Die Ziffer '0' an Position 1 in eine '9' umwandeln. Die Ziffer '5' an Position 3 in eine '3' umwandeln. $9 × 3 × 6 = 162$
13.	Die Ziffer '4' an Position 9 in eine '3' umwandeln. Die Ziffer '0' an Position 1 in eine '2' umwandeln. $2 - 7 - 8 = - 13$		

44. Rechen-Schlange

1.	$6/4*10-10=14$	2.	$5+2+10+7=24$	3.	$10-8+9+2+2=15$
4.	$10-8+9*1-1=10$	5.	$3*3+1+6+10=26$	6.	$1-2*1+8+10=17$

Lösungen: Schwere Aufgaben

45. Wort-Salat

1.	_WIE_G_E_N RE__G_A_L_	2.	_A_UT_O_ O_R_C_A	3.	_S__I__NN S_EUC_HE_
4.	M_O_D_EL_ __O_R_B_IT	5.	_DE__AL_E_R HA__RF_E_N_	6.	SCH_U_H__E __T_R_END_
7.	KOR_B___ __S_CHEU	8.	B_ES_A_T_Z_ _R__A_D_L_ER	9.	_A__SPE__KT HE_LD__IN_
10.	_MO___PPS K_LUFT__	11.	_M__A_U_ER L_OT_S_E_	12.	_F_A_UN_A FE_I_G_E_
13.	A__R_B_EIT _UR_LA_U_B__	14.	L_O_CHE_R__, _S_T__I_FT		

46. Zellen entfernen

1.

~~7~~	~~4~~	1	8	9	~~5~~	18 (3)
7	~~1~~	~~7~~	~~5~~	5	6	18 (3)
~~5~~	4	3	9	~~3~~	~~5~~	16 (3)
9	2	~~5~~	~~5~~	~~4~~	4	15 (3)
7	2	~~7~~	~~1~~	~~4~~	9	18 (3)
~~5~~	~~4~~	4	1	6	~~5~~	11 (3)
23	8	8	18	20	19	
(3)	(3)	(3)	(3)	(3)	(3)	

2.

~~5~~	4	8	2	~~8~~	~~4~~	14 (3)
7	~~1~~	2	3	~~9~~	~~5~~	12 (3)
1	~~1~~	~~4~~	~~1~~	1	2	4 (3)
8	~~3~~	~~5~~	2	~~5~~	7	17 (3)
~~5~~	8	~~5~~	~~9~~	4	2	14 (3)
~~5~~	2	6	~~4~~	2	~~5~~	10 (3)
16	14	16	7	7	11	
(3)	(3)	(3)	(3)	(3)	(3)	

3.

5	~~1~~	7	~~1~~	~~4~~	9	21 (3)
7	~~5~~	~~5~~	~~9~~	9	3	19 (3)
2	~~4~~	5	3	~~3~~	~~5~~	10 (3)
~~4~~	2	~~5~~	8	8	~~5~~	18 (3)
~~4~~	3	2	~~5~~	~~3~~	6	11 (3)
~~5~~	8	~~1~~	6	4	~~1~~	18 (3)
14	13	14	17	21	18	
(3)	(3)	(3)	(3)	(3)	(3)	

4.

1	6	~~5~~	~~5~~	~~9~~	2	9 (3)
~~1~~	~~5~~	4	~~4~~	3	3	10 (3)
~~5~~	3	8	4	~~4~~	~~4~~	15 (3)
8	7	~~5~~	~~1~~	8	~~5~~	23 (3)
~~5~~	~~1~~	6	4	~~5~~	7	17 (3)
3	~~1~~	~~1~~	3	9	~~5~~	15 (3)
12	16	18	11	20	12	
(3)	(3)	(3)	(3)	(3)	(3)	

5.

7	6	6	~~5~~	~~1~~	7	26 (4)
5	8	~~1~~	9	5	7	34 (5)
~~1~~	6	1	4	2	7	20 (5)
1	4	9	3	~~5~~	7	24 (5)
6	~~5~~	8	6	8	~~4~~	28 (4)
~~3~~	5	8	~~1~~	6	1	20 (4)
19	29	32	22	21	29	
(4)	(5)	(5)	(4)	(4)	(5)	

6.

4	9	5	~~5~~	4	~~1~~	22 (4)
5	~~1~~	6	3	4	9	27 (5)
7	7	9	5	~~1~~	5	33 (5)
~~1~~	~~5~~	4	9	3	5	21 (4)
9	3	~~5~~	~~5~~	6	4	22 (4)
~~5~~	1	2	6	1	3	13 (5)
25	20	26	23	18	26	
(4)	(4)	(5)	(4)	(5)	(5)	

7.

7	8	5	~~1~~	1	~~5~~	5	26 (5)
6	~~3~~	1	5	~~1~~	8	7	27 (5)
5	9	9	3	1	~~1~~	8	35 (6)
3	7	3	~~5~~	4	9	7	33 (6)
9	7	~~1~~	~~5~~	8	7	7	38 (5)
5	2	~~5~~	9	6	~~1~~	~~5~~	22 (4)
~~4~~	1	3	1	6	3	6	20 (6)
35	34	21	18	26	27	40	
(6)	(6)	(5)	(4)	(6)	(4)	(6)	

8.

~~5~~	2	6	9	9	4	7	37 (6)
8	8	2	1	6	8	~~5~~	33 (6)
3	9	3	~~1~~	5	2	7	29 (6)
~~1~~	~~4~~	6	1	8	2	4	21 (5)
~~5~~	2	5	1	5	~~3~~	4	17 (5)
9	4	~~3~~	8	5	1	9	36 (6)
6	8	~~1~~	~~5~~	~~1~~	9	~~1~~	23 (3)
26	33	22	20	38	26	31	
(4)	(6)	(5)	(5)	(6)	(6)	(5)	

9.

1	5	2	2	8	~~3~~	1	19 (6)
3	9	7	~~1~~	7	2	~~1~~	28 (5)
~~1~~	~~4~~	2	1	8	~~1~~	~~5~~	11 (3)
1	7	6	8	4	~~1~~	7	33 (6)
4	6	5	8	~~1~~	5	4	32 (6)
~~5~~	7	5	3	4	2	3	24 (6)
4	9	~~1~~	6	~~5~~	2	6	27 (5)
13	43	27	28	31	11	21	
(5)	(6)	(6)	(6)	(5)	(4)	(5)	

10.

~~5~~	4	3	7	6	1	7	28 (6)
~~5~~	2	7	5	~~5~~	5	~~1~~	19 (4)
4	3	~~5~~	~~5~~	9	2	1	19 (5)
~~5~~	8	2	3	9	5	5	32 (6)
~~3~~	5	4	6	8	1	7	31 (6)
3	~~5~~	1	3	~~3~~	~~5~~	2	9 (4)
5	8	4	~~1~~	2	3	4	26 (6)
12	30	21	24	34	17	26	
(3)	(6)	(6)	(5)	(5)	(6)	(6)	

47. Überflüssige Buchstaben

1.	B_ODE_N_W_ELL_E	2.	KL_OST_E_RTR_ACH_T
3.	_B_RUTKA_S_TEN	4.	M_USK_E_L_KRA_FT
5.	_A_USGAN_GSPU_N_KT	6.	PA_S_S_I_VA
7.	_S_C_HE_LLE	8.	R_A_B_AT_Z
9.	_S_E_UCHE_N	10.	_A_PA_R_TE
11.	_A_U_SP_UFF	12.	_P_R_IVIL_EG

48. Rechen-Schlange

1.	9*11+7-3+6=109	2.	9/1+11+6*4=44	3.	12*1/4*7*7=147
4.	4*11+5/1+4=53	5.	11+6*10+9=80	6.	12*9/2+12=66

49. Wort-Wirrwarr

1.	PODEST	2.	TITANEN	3.	STICHEL	4.	SOUFFLE
5.	ENSEMBE	6.	GRAFFITI	7.	BRIGADE	8.	GANOVE
9.	KABARETT	10.	FREIZONE	11.	SCHLEIFE	12.	JAGDBEUTE
13.	MOSKITO	14.	RUHETAG	15.	AUFTRIEB	16.	DRUCKFORM

50. Zielrechnen

1.	8 * (5 - 9 / 4) = 22	2.	(9 * 8 - 6 * 5) = 42
3.	12 * (7 + 3 / 12) = 87	4.	18 * (20 - 17 / 2) = 207
5.	(10 * (4 + 19) - 13) = 217	6.	5 * (11 * 2 - 6) = 80
7.	(16 - 12) * (19 - 1) = 72	8.	(12 * (19 - 3) - 6) = 186
9.	(19 * (13 + 9) - 17) = 401	10.	(8 * (12 + 11) - 1) = 183
11.	2 * (13 + 15 / 5) = 32	12.	(5 + 17) * (14 - 4) = 220

51. Wort-Schlange

1.	Ergebnis: Schulbusse	2.	Ergebnis: Patrouille	3.	Ergebnis: Kaufpreise

1.	Ergebnis: Schulbusse	2.	Ergebnis: Patrouille	3.	Ergebnis: Kaufpreise
4.	Ergebnis: Trauschein	5.	Ergebnis: Telegrafen	6.	Ergebnis: Glasnudeln
7.	Ergebnis: Holografie	8.	Ergebnis: Spitzkraut		

52. Lücken-Füller

Es können mehrere Lösungen vorkommen. Hier ist nur jeweils eine Lösung als Beispiel dargestellt.

1.	$(18*14)+(7/1)+10 = 269$	2.	$(12+15/1*6) = 102$
3.	$(9/(15-18))*17*10 = -510$	4.	$12+((15/1*4)*8) = 492$
5.	$(16/5)*15/(11-12) = -48$	6.	$(19-2/4)*14 = 259$
7.	$13-((10*16)*(4/8)) = -67$	8.	$9/2*(19*14)+8 = 1205$

53. Fehlende Operatoren

1.	$(9 - 25 + (31 - 44)) = -29$	2.	$29 + ((26 / 2) -11) = 31$
3.	$(29 - 11) - 2 * 33 = -48$	4.	$(5 * 19 - 30 - 19) = 46$
5.	$(21 - 45 + 4 * 27) = 84$	6.	$16 - (18 - 11) - 1 + 2 = 10$
7.	$(1 + 20 * 7 +(5 * 3)) = 156$	8.	$19 - (13 + (4 * 15)) + 18 = -36$
9.	$((12 * (2 + 13)) - 13 + 8) = 175$	10.	$(15 * (14 / 3) - 6) + 13 = 77$
11.	$(2 - 15) * (11 - 15) + 10 = 62$	12.	$(12 + (12 - 13 + 17) / 2) = 20$
13.	$(((3 * 4) * 15) + 15) - 20 = 175$	14.	$(2 * (17 - 7 + 20)) / 20 = 3$

15.	16 * 20 / (3 - 7) + 14 = -66	16.	(10 - (15 - 6 * 11) - 14) = 47

54. Wort-Muster

1.	Beispiele für A U S _ E _ _ E R: AUS<u>BEUT</u>ER, AUS<u>KEHR</u>ER, AUS<u>KENN</u>ER, AUS<u>REIB</u>ER, AUS<u>SETZ</u>ER, AUS<u>TEIL</u>ER, AUS<u>WERF</u>ER
2.	Beispiele für H A U S _ _ _ T E: HAUS<u>BOO</u>TE, HAUS<u>BRO</u>TE, HAUS<u>GÄS</u>TE, HAUS<u>HAL</u>TE, HAUS<u>MOT</u>TE, HAUS<u>WAR</u>TE, HAUS<u>WIR</u>TE, HAUS<u>ZEL</u>TE, HAUS<u>ÄRZ</u>TE
3.	Beispiele für _ O _ _ E T T E N: K<u>ORV</u>ETTEN, M<u>OZZ</u>ETTEN, N<u>OTB</u>ETTEN, P<u>OCH</u>ETTEN, P<u>OLK</u>ETTEN, T<u>OIL</u>ETTEN, T<u>ORW</u>ETTEN
4.	Beispiele für _ _ H U _ G E N: B<u>OHR</u>UNGEN, F<u>ÜHR</u>UNGEN, H<u>ÖHL</u>UNGEN, M<u>AHN</u>UNGEN, W<u>OHN</u>UNGEN, W<u>ÄHR</u>UNGEN, Z<u>AHL</u>UNGEN, Z<u>AHN</u>UNGEN, <u>ÄCHT</u>UNGEN
5.	Beispiele für _ _ _ T E R I _: <u>BAT</u>TERI<u>E</u>, <u>BLU</u>TERI<u>N</u>, <u>CUT</u>TERI<u>N</u>, <u>KRE</u>TERI<u>N</u>, <u>LEI</u>TERI<u>N</u>, <u>REI</u>TERI<u>N</u>, <u>RET</u>TERI<u>N</u>, <u>SKA</u>TERIN

55. Wort-Puzzle

1.	Malstifte	2.	Blindflug
3.	Preislimit	4.	Luftstrom
5.	Kuppelei	6.	Sprinkler
7.	Offenheit	8.	Rollgurte
9.	Netzteile	10.	Kletterin

56. Ziffern-Platzhalter

1.	1284 - 1891 + 1385 = 778 Ersetzungen: a=9, b=5, c=2	2.	3220 - 878 + 1756 = 4098 Ersetzungen: a=3, b=6, c=5	3.	2676 - 7374 + 6527 = 1829 Ersetzungen: a=9, b=3, c=1
4.	1226 - 785 - 8869 = -8428 Ersetzungen: a=1, b=4, c=5	5.	1090 + 4099 + 4279 = 9468 Ersetzungen: a=6, b=1, c=8	6.	102 - 594 + 540 = 48 Ersetzungen: a=1, b=9, c=8

7.	630 / 21 + 196 + 316 = 542 Ersetzungen: a=0, b=5, c=9	8.	95 + 281 - 3 = 373 Ersetzungen: a=1, b=2, c=7	9.	663 - 226 + 285 = 722 Ersetzungen: a=3, b=7, c=8
10.	52 - 331 + 703 = 424 Ersetzungen: a=1, b=0, c=7	11.	551 - 876 - 629 = -954 Ersetzungen: a=8, b=1, c=2	12.	599 + 919 + 89 = 1607 Ersetzungen: a=8, b=7, c=5
13.	35 + 117 + 94 = 246 Ersetzungen: a=2, b=6, c=9	14.	823 + 932 - 448 = 1307 Ersetzungen: a=9, b=7, c=1	15.	101 - 751 + 229 = -421 Ersetzungen: a=0, b=9, c=7
16.	16 + 5310 + 4589 = 9915 Ersetzungen: a=5, b=4, c=6	17.	1112 + 5089 + 2752 = 8953 Ersetzungen: a=8, b=7, c=9		

57. Doppel-Wort-Bedeutung

1.	MENGENL-EHRE EHRE-NTAFEL	2.	RUHEGE-HALT HALT-ELEINE	3.	WAGEN-PFERD PFERD-EHAUT
4.	FLUG-ENTE ENTE-RTAINER	5.	ERREGER-STAMM STAMM-SILBE	6.	TETRA-PACK PACK-TIERE
7.	SACH-ZWANG ZWANG-SABGABEN	8.	IMPF-PASS PASS-ANTINNEN	9.	JAGD-SZENE SZENE-VIERTEL
10.	LANDUNGS-SONDE SONDE-RSTAHL	11.	FAHR-GAST GAST-RONOMIE	12.	WORT-WOLKE WOLKE-NFETZEN
13.	SCHR-EINER EINER-GESPANN	14.	DUNSTSCH-LEIER LEIER-KASTEN	15.	UNKENR-UFER UFER-EROSION

58. Mathe-Puzzle

1.	Ergebnis: 468 57*7+69	2.	Ergebnis: 82 40*4-78	3.	Ergebnis: 309 83*3+60
4.	Ergebnis: 2 50/2-23	5.	Ergebnis: -23 18-44+3	6.	Ergebnis: 35 22*3-31
7.	Ergebnis: -14 12*2-38	8.	Ergebnis: 2 89+5-92	9.	Ergebnis: 84 25-5+64
10.	Ergebnis: 109 90+14+5	11.	Ergebnis: -650 43-7*99	12.	Ergebnis: 47 13+4*17/2

Lösungen: Schwere Aufgaben

59. Matrix-Rechnen

1.		2.	
139 + 103 = 242 + + + 18 + 71 = 89 + + + 120 + 104 = 224 + + + 18 + 96 = 114 = = = 295 + 374 = 669		105 + 93 = 198 + + + 165 + 135 = 300 + + + 151 + 79 = 230 + + + 199 + 22 = 221 = = = 620 + 329 = 949	
3.		**4.**	
186 + 19 = 205 + + + 78 + 147 = 225 + + + 10 + 111 = 121 = = = 274 + 277 = 551		110 + 15 = 125 + + + 125 + 170 = 295 + + + 158 + 82 = 240 = = = 393 + 267 = 660	
5.		**6.**	
163 + 114 = 277 + + + 171 + 116 = 287 + + + 177 + 193 = 370 = = = 511 + 423 = 934		150 + 55 = 205 + + + 133 + 30 = 163 + + + 77 + 69 = 146 = = = 360 + 154 = 514	
7.		**8.**	
-100 + 29 = -71 + + + 91 + 90 = 181 + + + 51 + -18 = 33 = = = 42 + 101 = 143		-96 + -59 = -155 + + + -94 + -96 = -190 + + + 2 + -44 = -42 = = = -188 + -199 = -387	

60. Überflüssige Ziffern

1.	37 + _98_ + 93 = 228	2.	20_0 + 64_6 + 842 = 1688	3.	_874 + 81_3 + 550 = 2237
4.	498 + 660 + 5_33_ = 1691	5.	622 + 3_2 + 2_45 = 899	6.	12_6 + 823 + 820_ = 1769
7.	28 * 1_4 + _39 = 431	8.	43 - 2_ + 3_ + 15 * _7 = 149	9.	26 / 2 + _4_3 = 56
10.	_4_4 + 11 + 32 + 3_4 * 9 = 393	11.	14 * 3 + 3_6 - 2_2_ + 35 = 91	12.	2_3 * 2_7 + 15 = 636
13.	34__ + 41 + 47 = 122	14.	47 - 29 - 3_6__ = -18	15.	21_ - 2_4_ * 28 = -651